让阅读走心
让阅历丰盛

亲密关系的重建

卢悦——著

廣東旅游出版社
GUANGDONG TRAVEL & TOURISM PRESS
悦读书·悦旅行·悦享人生
中国·广州

图书在版编目（CIP）数据

亲密关系的重建／卢悦著. —广州：广东旅游出版社，2019.4

ISBN 978-7-5570-1566-4

Ⅰ. ①亲… Ⅱ. ①卢… Ⅲ. ①爱情－通俗读物 Ⅳ. ①C913.1-49

中国版本图书馆 CIP 数据核字（2018）第 245423 号

亲密关系的重建

Qinmi Guanxi De Chongjian

广东旅游出版社出版发行

（广州市环市东路 338 号银政大厦西楼 12 楼　　邮编：510180）

北京晨旭印刷厂印刷

（地址：北京市密云县西田各庄镇西田各庄村）

广东旅游出版社图书网

www.tourpress.cn

邮购地址：广州市环市东路 338 号银政大厦西楼 12 楼

联系电话：020-87347732　　邮编：510180

787 毫米 ×1092 毫米　16 开　16.5 印张　189 千字

2019 年 4 月第 1 版第 1 次印刷

定价：49.00 元

目录
CONTENTS

*

C H A P T E R

1

第一章

/

爱情的那些套路

*

*

女人找到真爱，从识破那些情感套路开始

他们隐藏着一些让人难以觉察的钩子，一旦你上钩，就要出血，为他们提供能量，你的自我就牺牲掉了，直到最后被当成口香糖吐掉。

少些套路，多些真诚，是我们这个时代的呼唤。

什么是套路？套路本身的意思就是“不把人当人看”的游戏。套路就是控制，控制就是不把你当人看，而把你当人肉蓄电池用，利用你、剥削你。

有许多所谓的“巨婴”，他们都是成年人，却在人际关系中成为能量的吸血鬼。

每个人都有暂时退行的时候，都有遇到事情崩溃的时刻，但和“巨婴”的差异在于，我们是一过性的。也就是说，我们会暂时有一些负能量，但随后负能量会回归到正能量，而“巨婴”的负能量则是无始无终

的，会一直恶性循环。

他们就是人际关系的癌细胞。他们隐藏着一些让人难以觉察的钩子，一旦你上钩，就要出血，为他们提供能量，你的自我就牺牲掉了，直到最后被当成口香糖吐掉。很多人这时候才明白：原来这不是爱！这只是赤裸裸的敲骨吸髓而已！

这些套路你的伴侣可能在玩，你自己可能也在玩，相信我，玩这些套路的，一般没有好结果，最后就是一场全输的游戏。

没有人是傻瓜，可以永远承受损失，只承担义务不享受权利，所以这样的关系最终会让所有人都受伤。

第一个心理游戏：没有人可以帮得了我

有位学员对我说："老师，我跟先生一天到晚吵架，到底应该怎么办呢？"

我回答她："那就离婚呀！"

接着她又说："可是，我要是离婚了，小孩怎么办？如果真离婚了，我就没有办法照顾孩子了。"

我回答她："如果你真的想要得到小孩子的监护权，可以通过法律途径解决。"

她说："这样不太好吧？如果走上法庭，以后我要怎么面对公婆和亲戚？"

总是有些比较热心帮助别人的人，会一再以救援者的身份掉入这种心理游戏中，并反复上钩。

在这种循环往复的交谈里，那个真正想要帮助别人的人会变得愈来愈沮丧、愈来愈失落，而那个寻求他人帮助的人最后会再一次沉溺在自己童年时受创的经验里。于是，被深埋在心中的声音——“没有人可以帮得了我”和“我总是求助无门”再次被唤醒。

在日常生活中，被这个心理游戏困住的人，可能在童年时期就已经学会不断用牺牲者的角色得到父母的注意和帮助。

这样的人一直让自己扮演牺牲者，以吸引喜欢施予拯救的人出现，但是企图给予帮助的人最后反倒成了被迫害的牺牲者。于是，在这游戏终止之前，两个人都带着很无奈、很沮丧的感觉，而且彼此所得到的回馈都是十分负面的。

如果我们仔细看上文的对话，就会发现在这样的交谈里，其实就是在玩“没有人可以帮得了我”，也就是“是的……但是……”的心理游戏。

这位学员表面上好像很需要别人给她建议和帮助，但是当别人真正给她建议时，她又一直找理由回绝。事实上，她根本不需要别人的意见，因为在她心里早就有了自己想要的答案。

第二个心理游戏：都是你害的

这个心理游戏似乎要高级一点，因为在下面这段对话中的主角也是向别人求助，不同的是，他会欣然接受对方给他的意见，而且他也会照着对方给他的建议去做。但是当他失败时，就会把所有的过错都推给别人，甚至是那个好心给他意见的人。

有一次，我教一位来访者如此回敬她的丈夫。

妻子："你是说，现在出的所有问题都是我的错？"

丈夫说："对啊，都是你害的。"

妻子："那么这就是说，你对此毫无办法控制了？"

丈夫："那当然，你都把事情做成这样了，我怎么办？"

妻子："也就是说，我对你的影响力非常大了？"

丈夫："对啊，很可怕了！"

妻子："那么你就是一个弱得像小孩一样的人，我可以随意控制你，我让你往东，你就不能往西，因为你对整个局面毫无掌控了。"

丈夫瞪大眼睛，傻眼了。他当然不愿意承认自己是个木偶或婴儿，可是按照他的这套逻辑推演出来，就是这个结论。于是，他又把错误推给了听他倾诉给他意见的朋友。

事实上，当一个人把所有责任都推诿给别人的时候，其实就是宣布：我是婴儿。因为这个世界上只有一种人可以堂而皇之不承担任何责任——那就是婴儿。

如果你有一颗圣母心，那么就很容易被对方一副深深受伤的样子吸引，然后完全忘记了这里面的逻辑问题。

为什么一个人会有这么强烈的圣母心呢？

因为当我们做孩子没做够——小时候有很多遗憾时，我们会有两个方向，一个是选择做婴儿，一个是选择做小大人——未来的圣母。

我们的方向是由父母的投射决定的，如果父母全身心地期待我们做小大人，来承担他们不能承担的责任，那么我们很可能就会被训练成能够对别人的情绪进行迅速安抚的人才。

如果我们的父母全身心地期待我们做婴儿，来让他们感觉自己很伟大，那么我们从小就要训练自己不要承担任何责任，任何责任都是我们的敌人，因为我们需要让大人们爽。

第三个心理游戏：挑拨离间

这是一种间接性攻击。比如："志明，我告诉你哦，舜子经常在你背后说你这个人很不够意思。"意思也就是说，你看他表面上好像对你不错，但事实上他心里是很讨厌你的。

此外，在"挑拨离间"的心理游戏中，还有一种更高明的玩法就是"放狗互斗"。"放狗互斗"所运用的伎俩就是：让他因为你的建议而变得更挫败，然后在他十分沮丧的时候，你又给他十足的鼓励和安慰。

很多男人在家庭里经常成为双面胶，他们要听两个女人互相告状，如果他们耳根子软，就很容易偏听偏信。

而更可怕的是在父母和孩子之间，甚至妻子和丈夫之间，如果我们害怕对方的强大，而喜欢对方的弱小，我们往往会想方设法让对方挫败，让对方很难有挺直的腰板。因为这样的话，我们就可以感觉到在关系中是安全的或者我们的自恋是安全的。

比如，很多妈妈喜欢给孩子出一些馊主意——让他们娶比较糟糕的女人，出现问题以后，再以救世主的方式出现。她儿子经过外面的伤害以后开始畏缩了，她就可以长久地拥有儿子了。

这就是不肯退位的妈妈的心理。

同样，也有很多丈夫害怕妻子太优秀了，自己管不住，会有意无意出一些歪点子，令妻子受挫，他们就会说，那你还是留在家里吧，男主外女主内更好，你乐得享清福不是很好吗？

其实这是因为他们没法面对更强大的伴侣或者亲人，他们的自尊和害怕失去对方的恐惧让他们做出这样厚黑的操纵行为。

最可怕的是，这一切都是在潜意识层面发生的，他们根本无法意识到。

第四个心理游戏：NIGYSOB

NIGYSOB（Now I've got you，son of bitch），我将它翻译为：忍无可忍，无须再忍。

一个女人为了丈夫牺牲了研究生的学业、有前途的工作，生了一堆孩子，忍受丈夫的一次次出轨和家暴，最后终于在一次给丈夫洗澡的时候，把手擦干净，忽然跟丈夫说：我们离婚。

这就是典型的“回避型”人玩的游戏，他们的世界只有两个应对模式：忍、滚。忍不了就滚，滚不了就接着忍。

喜欢玩这种心理游戏的人，一般来讲他们童年时期的愤怒受到了压抑、否定。在他们的价值观和心灵深处，一直认为愤怒是不好的，因此在成长过程中，会害怕自己对别人的攻击性、侵略性，在日常生活中他们会尽量避免与他人有冲突。

童年时期，父母亲之间常有争执和冲突，使他们十分恐惧，于是在很小的时候，他们就决定自己长大后不要像父母一样，因为愤怒的情绪是非常可怕的体验。

所以他们通常会累积许多次的事件，一而再、再而三地容忍，当内心积压到忍无可忍时，终于一次性爆发出来。

但问题是，别人不知道他们在忍。很多女人会以为这样的男人是“暖男”，以为这是男人胸怀宽广的表现。其实，这样的男人只是不能说“不”，不能表达自己的观点而已。

很多男人会以为这样的女人很包容、很懂事，但其实她们藏着一肚子委屈。对她们来说，一旦把自己的另外一面展现出来，很可能就是一刀两断之时。

玩这种心理游戏的人，无法相信把自己的另一面拿出来会有幸存的那一天，所以只要他们有不满，就会立刻逃遁，他们没有经历过问题解决的时刻。

第五个心理游戏：“官兵捉强盗”

“官兵捉强盗”的心理游戏，是出轨男女经常玩的游戏。在这个游戏中，因为我们隐藏的技术并不是一流的，所以当我们终于被身边心爱的人逮到的时候，会纵容自己童年时的感觉再度浮现，悔恨交加，或是陷入“我总是让爱我的人受伤”的念头中而无法自拔。

这就是为什么很多人承诺戒烟、戒酒、忠于婚姻，却一再打破承诺又自责不已。

在三岁的时候，我们就会面临人生一个终极命题，那就是想要到外面的世界探索，却害怕回头一看，“妈妈没了”。

很多孩子都会试图在学走路的时候慢慢扩大探索的半径，但他们会自然地回归到妈妈身边，就像是没有油的汽车，没有电的手机一样，把妈妈这里当成安全基地来充电和寻求补给。

如果这个时候，妈妈没有给他们很好的安抚，比如禁止他们做一些冒险的游戏、离开妈妈太远，或者忽视孩子，即使孩子在冒险的过程中摔倒磕着碰着，也都无动于衷，孩子的安全感就无法得到发展，致使孩子生活在安全和探索之间的地带。

他们想要探索自己的世界，可是又缺乏安全感，那么他们的选择就是找到一个隐秘的地带，这个地带他们可以拥有自我，又可以不离开妈妈。

比如很多逃学的孩子，他们不敢辍学，却会试图通过逃学来寻找属于自己的空间。

很多孩子一直都被限制发展自我，没有足够的安全感去外面的世界探索，他们就会用偷偷摸摸的方式去探索。

这种模式在他们成年以后很容易发展为出轨的行为，他们试图不离开妻子，同时又可以有一个“法外之地”，在那个地方他们才会拥有真正的自我。

所以，他们在关系中总是鬼鬼祟祟的，把别人看成迫害他们的人，然后试图把他们真实的一面转移开来。这对他们的伴侣来说是非常不公平的，因为对方往往不知道他们如此害怕袒露真实的自己。

还有很多类似的心理游戏，限于篇幅就不多说了，但所有的心理游戏都有一个共同点，就是“我是婴儿，我解决不了问题，你来解决”。

任何有自我的人，面对这样的人，早晚会离开。

但问题是，我们大多数人的自我或多或少都有一些缺损，他们的种种诱惑又正好会吸引我们情不自禁地为他们一次次“献血”。

面对这样的人，其实需要做的很简单，就是两步：

- 识别出他们的心理游戏套路。
- 温柔而坚定地说“不”。

清醒地拨开迷雾，何去何从自然明白。

*

世界上所有的真爱，都是“勾搭”出来的

什么时候，你们停止了调情的脚步，什么时候，爱就开始缺氧了。

一辈子吊着男人的胃口，才能坐实他心中的真爱吗?

有人说，没有拆不散的婚姻，只有不努力的小三儿。这个说法虽然不好听，但戳破了一个真相。男人刚跟你说“我们都‘老夫老妻’了，就别那么肉麻了”，可是一转身，你会在他的手机上发现他那堪比“情深深雨濛濛”的情话，只不过这些话不是对你说的。

你以为那个小三儿是怎样出色的妖精，其实不过是个其貌不扬的“熟女”而已。她怎么会成为你的情敌，把一个糙老爷们儿变成了贾宝玉?

没处说理去。

真的吗?

我只问你一句：“你们关系已定和关系未定时期的表现有何不同？”

就是很少再调情了。

为什么？

因为关系已定。

这就是我们在情感中最容易犯的常识性错误：我们内心有两个情感口袋，一个叫作未确定的情感，一个是已经捕获的情感。调情、勾搭、互撩，这些都是感情初期要玩的；当大局已定，我们就要踏踏实实"过日子"了。这种"过日子"心态是一切情感裂痕的开始。

你会发现，男人往往会有兴趣参加一种情感培训："泡妞课"。而女人很少参加"撩汉课"，女人最愿意投资的是"情感挽回课"。男人以追逐"猎物"为乐，而女人则以储藏"食物"为乐。男人的精力大部分用在婚前，女人的精力往往用于婚姻危机。

但是，谁都不知道如何经营婚姻关系。

其实，这个世界上根本没有婚前、婚后这两个情感口袋，只存在一个情感口袋！没有"勾搭"，就绝对不会有真爱！这和没有氧气就没有火焰是一个道理。

我在这里强调一万次：真爱 = 永远永远"勾搭"他！

什么时候，你们停止了调情的脚步，什么时候，爱就开始缺氧了。

如果你想让男人永远爱你，就必须不断撩拨他，让他永远处于"充血"状态，激发他所有的潜能去爱你，一旦你停止了撩拨，他就会感觉空虚，就会寻找另外一个"主人"去撩拨他。

你会说，男人怎么那么贱啊？

是的，你必须让男人变贱一些，你才能贵一些，这样才不会走"婚前女人是奢侈品，婚后女人变十元店里的地摊货”这样的悲催故事路线！

“女不强大，天不容”，说的不是女人要变成女汉子和男人斗，而是说女人要在情感中掌握主导权，才能永远立于不败之地。这样，你的情感才会听你的，否则，你就很容易成为弃妇。

那么，到底怎样才算是高段位的调情者呢？

你要是做到以下四点，人生一定开挂。

高情绪价值

婚前，主动打电话的，往往是男生，

婚后，主动打电话的，往往是女生。

为什么呢？

因为心态变了。

那么，为什么心态会变呢？

因为女人喜欢稳定，开始接触男生的时候，不知道此人是否靠谱，是否真的爱她，所以不敢投入。因为不敢投入，但偶尔也会被撩拨，所以自然就忽冷忽热了。

但是，男人就喜欢女人这么虐心。女人的变幻无常反而激发了他强烈的征服欲。

这个世界上最能激发一个人投入的，不是稳定获益，而是不稳定获益。你不知道接下来会是什么，就永远都会有好奇心。赌博容易上瘾，就是因为你不知道下一把是输还是赢，你就永远想掌控，永远都想知道结果。

很多女人进入婚姻以后，就变得一览无余，变成跟“包租婆”一样的打扮。女人不再是猎物，男人就失去了追求的动力。而男人是永远需要追求的，否则，他就会觉得人生毫无意义。所以你的情绪价值就是：

• 让他不断为你做事儿。

• 你可以不断为他做事儿。

做好这两件事，你就给了他情绪价值。

比如，电视剧《我的前半生》第一集，罗子君就成功“撩汉”了——非要他绕远开车把她送回家，这个傲娇的男人居然乖乖照办了。为什么他会照办呢？因为他感觉自己被需要。

而凌玲教我们的“撩汉”技巧是，永远都站在对方角度说话：其实，你不用那么着急离婚，我爱你，是我的事儿，你还是回归家庭吧，这样不会苦了他们娘儿俩。

这话把男人所有的退路都堵死了，让陈俊生大为感动：她是多么体贴我，理解我啊！

最重要的是，你要给男人提供一个如痴如醉的空间。

薇薇安是《我的前半生》里最有女人味的女人，她的问题是太追求性感，反而没有了自己的身价，但她的性感是值得我们学习的。

女人最性感的地方有四个。第一个地方是眼睛，女人的眼睛里要有故事，总有一种调笑、捉弄的神情，这就是游戏者的心态。

第二个地方是手，经常撩撩自己的头发，或者有意无意地靠近男生，有一些轻微的肢体接触。我们经常看到男女双方，一方为对方拂去肩头上的灰尘，或者脸上的脏东西……这些肢体接触都会迅速点燃男人的欲望。

第三个地方就是肩膀，女人的肩膀可以调配出不同的情绪表情，引发出很多联想。像薇薇安那样，可以把头稍微侧向左侧，肩膀也随之向左提高，手臂却非常端正，这就是一种挑逗的身体语言，肩膀在勾引，而手臂却在防御，这种不平衡感会让男人产生冲动。

第四个地方是腰臀，它的摆动，决定了很多男人的视线。看看莫妮卡·贝鲁奇的走路方式，眼睑下垂，做出禁欲系冰山女王范儿，腿部却用力蹬地，造成臀部的振动、腰肢的摆动。如果此时女人的眼神是活动的，那就显得 low（土、低端）了，最高级的性感是有收有放。

男人是视觉动物，女人要尽可能地为他提供视觉的享受和心灵的抚慰，最终让他变得贱兮兮地去爱你，同时还觉得自己非常爷们儿。这就是男女游戏最有意思的部分。

高自我价值

在《我的前半生》里，薇薇安为什么失败？

对于低自我价值的男人来说，你的强势“撩汉”，会让他们感觉自己居然被女神看中，这是多么大的荣耀。但对于不需要女人来陪衬自己价值的男人来说，他们更需要尊重女人。女人负责催眠，男人负责追求。

一旦落到实处，女人像男人一样死缠烂打，一段感情就变味儿了。

我们来看看罗子君是怎么让贺涵自动变“贱”的。她所有的求助都是带着这种腔调：我是走投无路了，实在没法了，才会求助的；我是个自立的女人，只要我好起来，我一定会偿还你的人情的，我是个要强的女人！

为什么唐晶没法让贺涵变“贱”？因为她所有的求助都是这样的潜台词：只要有一天我变强了，就把你打趴下！

一个是在风雨中飘摇的白莲花，一个是养不熟的狼崽子，你说贺涵更愿意帮谁？

男人都喜欢帮女人，因为这会让他有价值感。但男人不喜欢帮两种女人，一种是女汉子，一种是笨女人。

男人喜欢上位思维，他们不愿意帮助强大起来会把自己干掉的人，也不愿意和一个永远如烂泥扶不上墙的人在一起。他们不愿意处于弱势，如果一个女人永远都是弱势，他们会失去对这个女人的尊重。在男人的世界里，当一个人不再被别人尊重，就意味着其在精神上的灭绝。

罗子君过去表演各种脑残，连角膜都不知道是什么，这只能让陈俊生觉得自己怎么和一个巨婴生活在一起，太没劲了。而罗子君后来的求助，都是带着一点儿自己的小尊严的，而且她也初步用能力证明了自己在职场中的价值：脆弱和强大兼备。这才会让男人的欲望勃发。

你要有打压力

在情感初期，很多人都会“打情骂俏”，但到了婚姻中，我们还是打和骂，却没有了情和俏，究其因，我们失去了足够的幽默感，失去了足够的情趣。

女人最大的魅力在于拒绝，因为拒绝有时可以产生更多的张力，也会让你抬高身价。我们来看看罗子君是怎么拒绝贺涵的：你这样的男人，所有姑娘都会爱上你的，但我不能，因为唐晶是我的救命恩人。

唐晶如果对那个海归小白脸李睿有些意思的话，也可以这样打压他："你用的这些常规的泡妞套路，对我没用，先生，如果你爱我，请拿出真心来。"

这些打压都有两个特点：

- 我对你还有兴趣。
- 你必须拿出更好的东西追求我，你的这些廉价货，给我收起来。

如果只有第二个特点，那么就是纯粹的侮辱。如果只有第一个特点，你就是一个花痴，男人无法尊重这样的女人。

你要会哄人

有的女人说，我其实一直都在小心翼翼地照顾着他脆弱的自尊心，自从我赚得比他多以后，我恨不得被老板炒掉，因为我知道他太在意这一点了。

错了，这不是哄人，这是伺候人。

哄人包括两点：

- 给男人开免责通知单。
- 给男人找上位的机会。

男人最大的痛苦在于，要承载很大的自我纠结的压力。女人要告诉他的是：很多事情，不是你的问题，是我的问题。主动揽责，会让他特别感激你，因为你帮他挽救了面子。

对于总是在意妻子比自己赚得多的男人，我们需要给他们换换脑子：

“我知道你是做大事儿的，很多做大事儿的人都要经历一些苦难，比如李安这样的，一直都让妻子养的，但最后全世界都会记住他的名字。”

“再说了，那些赚钱多的男人我见得多了去了，他们赚钱多是因为什么，可能就是有个好爹而已。”

“人生总有大年和小年，如果你总是那么在意一时得失，那我真是错看了你。”

这都是在拉男人到上位来，让他给自己一个台阶下，给自己一点儿面子。对男人来说，能帮他找回面子的女人，最让他春心荡漾。

爱情就像两个人一起跳探戈，进进退退，你来我往，激活的是情绪，投入的是情感，有情才有爱，而情必是你用心调出来的。

*

婚姻中最残酷的不是出轨，而是忽视

情感忽视让所有的爱都像投入了深海，杳无回音。到底该怎样拯救感情里的透明人？

你有过在情感中被忽视的体验吗？那个人明明就在身边，却总是感觉遥不可及；明明只要一回头就能撞个满怀，他却总是看不见。情感忽视让所有的爱都像投入了深海，杳无回音。到底该怎样拯救感情里的透明人？

情感世界的两大谜：

- 女人怎么总有那么多需要？
- 男人到底在想什么？

男人说："你知道吗，我回家最想的是静静。"

女人问："静静是谁？你又在勾搭谁？"

所有的不爱，都从忽略对方的存在开始。

曾有个帖子，说一个女明星嫁给一个富翁，生了孩子以后，老公每月给她 11 万元的生活费，但是基本不回家。很多女人都羡慕——能住豪宅，领这么高的“工资”，还不用工作，那要老公干啥啊，同样都是守寡式婚姻，我们连 11 万元都没有呢。

看了后好心酸。

其实，男人最想要的，是内心的宁静；女人最想要的，是心中的踏实。

当男人沉默的时候，女人认为他已经不爱了；当女人敞开心扉时，男人认为她只是一味索取。

一段情感的转折在于，你在关系中是越来越主动，还是越来越被动。蜜月期，我们往往是主动的，而在危机时刻，彼此都成了被动的受害者。最让一个人痛苦的，莫过于对其“存在感”的伤害。

每个人活着都有两种选择：一种是“主动”地活着，另一种是“被动”地活着。主动和被动的区别，就在于有没有存在感。

一只猫看到镜中自己的影子，它会非常警惕，因为它没有“自我意识”。而人与动物、植物、无机物相比，最大的区别就在于人知道自己“活着”。

你是“碎片人”，还是“整个人”

你是“碎片人”，还是“整个人”？这么说是不是有些晦涩？

举个例子吧。《24 重人格》这本书是一个多重人格患者的自传，作者卡梅伦·韦斯特，是一位 30 多岁的成功商人，婚姻幸福，孩子可爱。直到有一天，他发现了一个惊天秘密：“我”不是“我”！我究竟怎么了？我仿佛被恶魔缠住了，我在镜子面前说着一些莫名其妙的话，发出的却是别人的声音。

这个“声音”是戴维发出来的，戴维是第一个出现在卡梅伦生命中的分身，是他 24 个分身中的一个，24 个分身的性格、习性、记忆都各不相同。

然后他发现自己有 24 重人格——24 个不同的自己，当这些分身上身的时候，他完全忘记了之前的身份，可以按照完全不同的人格角色去生活。

有人会问，这种人格分裂的人是怎么回事呢？

我想给大家呈现一下：当一个人的存在感遭到最严重伤害的时候会是什么状况。

每个人都有多重人格，就像是一幢房子里有不同的房间，客厅负责会客，卧房负责休息，厨房用于做饭。同理，我们每个人都有不同的部分，比如在学校是一副老实样子，回家就窝里横；在老板面前是孙子，在老婆面前是大爷……

那么，正常人和人格分裂者的区别是什么呢？

人格分裂者房间的门都是锁死的，甚至彼此是看不见的。而正常人知道自己有不同部分，知道自己不是一个个碎片，而是一个整体。就比如有的人在家里会窝里横，到了工作场合就秒变好好先生。

人格分裂者为什么要彻底封死彼此房间的联系，不是作为一个整体活着，而是作为碎片化的存在呢？因为人格分裂者如果想整体地活着，要付出的代价太大。

就像《24 重人格》这本书的主人公，小时候酗酒的父亲每天都往死里打他。他不敢反抗，更不会反抗，面对无休止的伤害，只有永久地封闭他作为小孩子的感觉：生活在别处——当父亲的拳头揍在他身上的时候，他没有任何感觉，仅靠关闭感觉而保存了灵魂。

这种解离状态时间久了，就变成了一个个“碎片化的存在”。

其实这种“碎片化”的存在，我们每个人都会有，只不过人格分裂是一个极端而已。

记得当年我高考失利，考上了一个很难接受的院系，我非常痛苦：

- 想要复读，没有勇气。
- 如果去上大学，又觉得特别难受。

作为代价，我就采取了一种“碎片化”的存在方式——外表上，我很正常，成为一个名牌大学生，正常学习、恋爱，甚至还参加了学校辩论赛；但回首整个大学生涯，我发现自己不过是行尸走肉而已。

我用这种浑浑噩噩的方式来应对无法解决的双重冲突，我把痛苦隔离，生活在一种“灵魂麻木”的状态，直到有一天发现一个当年学习成绩远不如我、考的大学也比我还差的同学，现在却是美国一所大学的副教授，痛苦之门被打开，我才知道，我是如何荒废了宝贵的青春岁月，没有完成父母的期许——我要成为学霸，出国留学，成为博士，光耀门庭，就像我妈妈家族的那些孩子一样。

但我没有达成这个期许，也就无法饶恕自己，到今天我还不时做梦，梦见自己回到高中复读，重过一遍大学生涯……

对不起，你的情感余额不足

为什么我之前没有把痛苦之门打开，而选择了长期关闭它呢？很多人选择了复读，选择了考研究生，都在继续奋斗，为什么我却不能咬牙在学业之路上继续奋斗？也不能在大好年华里去做自己呢？因为我的“情感内存”不足。

很多时候，人生的起伏、成败都要看你的精神存粮，它真正决定了你的人生可以走多远，幸福的品质有多高。

每个情感内存不足的人，都有这四个特点。

1. 受挫感

很多人说，他们曾有过这样的经历：

“当我哭的时候，我的父母总是嘲笑我：你就是太敏感了，至于吗？”

“有一次过马路，我下意识地拉了妈妈的手，妈妈本能地把我的手甩开了。”

“当我拿着奖状跑回家，兴奋地给爸爸看的时候，他却看着电视，不耐烦地甩手说：好了，好了，知道了，恭喜你……”

“我生孩子的时候，老公却要和我离婚，我鼓足勇气让妈妈陪陪我，她说要在家里照顾生意，电话里却传来打麻将的声音……”

当你的情感不被接受、不被承认、被曲解误会、被忽略、被拒绝的时候，会有一种强烈的受挫感，让你产生一种“三无”的三观——如果我提出需求，就一定会被拒绝。

我的被拒绝感不是来自家里，而是来自当年转学到北京以后，因为学习差而被同学孤立的经历。我深深地记得同学们一起玩，我想要加入而被拒绝的痛苦。

如果你撞了一万次墙以后，忽然有人告诉你，你只要念个口诀就可以穿墙而过，你信吗？除非你的头被撞傻了。

我绝对不想生活在那种一次次产生希望又失望的痛苦中了，所以一想到复读，过去的那些失败经历就像放电影一样覆盖了我。

2. 自我怀疑

你被挫败伤害太多的时候，就会开始对自己产生怀疑：

- 是不是我根本就不值得被爱、被在乎？
- 是不是我真的太敏感了？是不是我太苛责父母了？
- 怎么会有这些感觉，也许是我有病？

很多人在咨询时都会跟我确认："卢老师，你说我的感觉是对的吗？我是不是太较真了？""为什么我就是无法宽恕我的父母？""为什么我就是不能忘记他对我的背叛？"

我们对自己的感觉产生怀疑的时候，我们开始质疑自己价值的时候，就说明我们存在的根基在动摇。

有些人怀疑自己的感觉，有些人怀疑自己的能力。但无论如何，我们都失去了标准，因为坚持自我的代价，实在太痛苦。

记得我刚刚做心理咨询师的时候，一个同行说："卢悦，你是一个非常差劲的心理咨询师。"当我看到同行有很多来访者，而自己门可罗雀的时候，我对自己产生非常大的质疑："我是不是只会写字，不会做咨询呢？我是不是不适合做咨询师呢？"

那是一段非常黑暗的日子。就像在沙漠中找不到方向，我不知道自己每走一步是送死还是求生，没有任何东西可以支撑自己存活下来。

3. 有毒的羞耻感

有个男性老板跟我说："很多女人都骂男人，我也觉得下辈子我宁可做女人也不想做男人。因为在公司里，所有员工要靠你；在家族里，所有人都会来找你借钱；在家里，睁开眼就是妻子的抱怨，说我不够投入……所有人都依赖我，我能靠谁呢？"

我说："你为什么要担负这么多的责任呢？如果你不负责呢？你拒绝借钱给亲戚们，拒绝父母无理的索取，拒绝不断为朋友们两肋插刀……如果你坚持过自己想要的生活，你会面对什么？"

他说："我会内疚，事实上，我一辈子都好像欠了别人的，如果别人向我索取，而我拒绝就会觉得自己好像要毁了别人似的。"

我说："是谁给你这么狂妄的自大感，让你成了救世主？"

他说："10岁那年，我父亲去世的时候，叔叔拍着我的肩膀说，从今往后你就是这家里的男主人。从那时候起，我就成了救世主。"

也是从那时起，他就不能依靠任何人了，必须拯救陷入崩溃的妈妈，必须培养很多小孩不需要发展的能力。对他来说，能让妈妈开心地笑一下，是他人生中最重要的任务。

当年，我刚做咨询师的时候，很多人在咨询时热切地盯着我："你是我最后的希望，如果你不能救我，我就准备去死了。"那时我快要疯了——要么是咨询师，要么就是杀人犯！

后来我慢慢明白，我一直都生活在努力为他人负责的世界里，我想拯救全世界的弱者，然后我才能拯救我自己。因为我也曾是父母的救世主，要去过上他们未能如愿的生活。

在一个团体中，一个带组老师说："卢悦，我发现你好像想要照顾全组所有人，你有什么感觉？"

"太累了。"

我为什么总是感觉别人那么脆弱？其实这不过是因为我不能靠近自己的脆弱而已。

4. 不了解自己的需求

咨询室里，很多沉默的男人会跟我倾诉衷肠，他们的妻子会吃惊地看着自己的男人：他怎么能说这么多心里话？但这些男人说到最后总是长叹一声："我已经习惯了。我这辈子就这样了，随便吧。"

我问："如果不随便，你想要什么样的生活？"

此时，对方却很茫然地看着我："我只知道我不要什么，却不知道我想要什么。"

也有人这样说："我现在拥有了别人羡慕的一切，好婚姻、好房子、好儿子、好工作，可是我活得一点儿也不开心，因为我不知道我想要什么。"

这种感觉，我深有体会。30 岁那年，我在《婚姻与家庭》杂志社做编辑，那是个可以养老的稳定职业，可是我却提前感到中年危机了——在这样一眼望得到头的人生里，我到底为什么活着？

如果说我是一根火柴的话，我总需要知道一生为什么而燃烧，可怕的是，我不知道什么可以让我为之奋斗终生。

记得一次，我穿了不合脚的鞋子，脚后跟被磨出了血，我却好像浑然无知，直到同伴指出我才发现。

我一直都生活在“随便”的世界里，我习惯了做听话的孩子，习惯了按照主流意识活着，直到30岁我才忽然明白，这些不是我想要的。那么我想要什么？然后我用10年的时间才明白，我真正想要的是什么，那就是心灵的探索。

不错，我是一颗晚熟的种子，我错过了很多看上去似乎应该发芽的时间，可是，最终我有我的时间表，30岁以后到现在，才是我真正想要的人生。**人生最重要的，就是完成自己的成长。**

一颗种子，它一生的使命就是发芽；一根小苗，它一生的使命就是长成大树；一棵大树，它一生的使命就是开花结果，播撒种子……

我们的使命就是了解自己的真正需求是什么。

我们如何存在

我们的解决方案，就是两种：

• 回避型的人，比如我，就会采取行尸走肉的、隔离压抑的方式，然后告诉自己：只要不去想，这件事情就不存在。

• 焦虑型的人，比如那些渴望和丈夫“脆弱相对”的妻子，则会用过激的方式：如果不去想，这件事情就会越来越可怕。

采用行尸走肉的方式，会错过很多生命的精彩；而采用过激的方式，则会生活在自设的炼狱中。

行尸走肉们，会封闭在自己的世界里，希望断掉连接来保护自己；

而过激的人，则会试图不断和别人连接，不断“找妈找爸”，让他人来承载自己的痛苦。

无论是哪种情况，都是因为无法承受四大痛苦：挫败、自我怀疑、羞耻、不知道自己是谁。

除了不断隔离自己，以及不断发起自杀式的“找妈找爸”冲锋以外，有没有第三种方法，让我们可以真正完整地存在，可以真正地拥有被肯定、被接纳、被陪伴、被认可、被倾听的感觉？

每个人和自己的“内在小孩”都有一个漫长的和解期。过去，你也许根本不知道他的存在，然而在心理成长的道路上，你会慢慢地发现这个细小的声音其实统治着你的人生。他决定了你每个职业的选择、情感中的作为、人生的主题，每次顺从他的心意，你的人生总能迎来一次强烈的释放。

你可以看到，一个人是怎样从一个个碎片慢慢地把自己拼起来；你可以看到，一个人是怎样从情感内存不足慢慢变得光芒万丈；你可以看到，一个人是怎样从种子成长为大树的整个过程。是的，你可以看到所有的存在感，虽然脆弱，却是真实的，而且是存在着的。

*

新鲜感，是和爱的人一起去发现未知的自己

真正地发现自己，是一条永远都有新鲜感的道路，因为关于你自己，有太多谜团了。

很多人都会担心：如果我把一切都给了你，时间久了，我们之间没有新鲜感了，那你还会爱我吗？

也许，对女人来说，最可怕的就是有一天丈夫说：对不起，我对你已经没有新鲜感了，我对你已经没有当初的感觉了。

那个时刻，似乎是一个女人的末日。你开始成为“欧巴桑”，用中年妇女沧桑的声音说：“婚姻不过是亲情，到最后我们都是亲人。”或者，你开始减肥、整容，开始撒娇卖萌，开始保持神秘感。

第一种选择是压抑：试图贬低新鲜感的必要，用假装的成熟替代真实的需要。

第二种选择是否认：试图假装让自己重新焕发当年的新鲜感，否认

自己已年华不再的现实。

压抑的好处是可以混，混来混去却发现，你好不容易压抑了自己作为一个女人的需要，没想到男人却不喜欢忍，他到别处去寻觅新鲜感了。这和减肥一个道理，你说多少大道理，也顶不过胃里那一阵咕噜叫。

否认的好处是给自己一个肥皂泡，似乎自己还是大有作为的，但问题是，你再返老还童，也难以跟年轻姑娘比啊。

其实，这两者的逻辑都是一回事：新鲜感就是口香糖，嚼来嚼去就没了。

如果是这样的逻辑，婚姻就不必存在，因为时间一长，新鲜感一过，杀死你婚姻的小三儿已经上路了。你的人生就是永远的打地鼠游戏。如果这样想，你的人生就走进了死胡同。

其实，不必绝望，我们的新鲜感分两种。

短期关系的新鲜感：同甘。我们可以一起聊聊天、唱唱歌、蹦蹦迪、吃吃饭、喝喝酒、旅旅游、做做爱，什么好玩玩什么。我们一起扮演最完美的情人，一起创造人间最极致的快感和高潮。

长期关系的新鲜感：共苦。我们在脆弱、无助、绝望的时候，可以有取暖的和获得理解、激励的地方。因为有你的陪伴，我成为更好的自己。

原来粗糙的“直男癌”遇到了哭哭啼啼的“豌豆公主”，“直男癌”学会了细腻，而“豌豆公主”拥有了坚强。同甘让我们找到了完美的感觉，所以这样的新鲜感就是游乐场。

而共苦让我们找到了完整的意义，并提升了彼此面对这个世界的力量和能力。这样的新鲜感就是练功房。

什么人需要游乐场式的新鲜感？什么人会喜欢练功房式的新鲜感？

- 如果她涉世未深，带她去走遍海角天涯。
- 如果她饱经沧桑，带她去坐旋转木马。

你想要了解这个世界的时候，可以先做一名游客，走马观花地看这个世界。但随着人生阅历的增长，你开始对这种浮光掠影有些厌倦了，夜夜笙歌的新鲜感，到最后总会因很累而感觉爱不起来了。

此时，你会问自己，到底人生有什么意义？我真的需要这些刺激吗？这时，你就可以走到第二步了。

人活在这个世界上是为了什么？你放下手机半个小时就知道了。你有什么感觉？会不会有些无聊？会不会有些焦虑以致不知所措？会不会有一些你不想面对的事情涌上心头？会不会有些孤独？会不会觉得空虚？

这就是我们人类的终极命题：孤独、死亡无意义。

一直以来，我们都用两种方式来消化这些终极命题。

我们会把这个世界变成一个游乐场，那里有数不清的游乐项目，那我们就不必面对那些麻烦事了。

一个男生，从小到大都要面对可怕的自我指责："你算什么东西？"为了对抗这个声音，他最好的选择就是马上成为马云，成为这个世界上最厉害的男人，这样，他才能不被这个声音打倒。

这是一种妄想。但女人们拯救了他，他可以成为女人的收割者，在一次次情感的围剿中享受被崇拜的感觉。

在这个追逐新鲜感的游戏中，藏着一个无价值感的黑洞。他会一直追逐下去，终有一天他会发现自己其实一直在自欺，他一直都在被自我否定的心魔控制着。他想要的，不是所有女人都为他的魅力喝彩。而是自己灰头土脸、一身是伤的时候，有个女人告诉他：没关系，就算如此，你也有家。

我们也可以把这个世界变成练功房，那里有数不清的道具用来修炼自己，这样我们就可以面对内心的种种挑战。

当然，你也看到过这样的故事。一个女生，一生都在努力地风情万种，让男人为她失魂落魄，但30岁以后，她开始害怕，因为回头率在下降，那些追逐她的男人们，开始转过头追求更年轻的姑娘了。她开始面对自己一直都不敢想的生活：万一我没有了外在的美貌，还会有人爱我吗？

所以很多女人都把自己当成早市上的蔬菜，一定要在最好的时间段把自己用最高的价格卖出去；或者在下午十万火急地把自己嫁掉，害怕傍晚的时候被扔到单身老女人的那个筐。

在短期关系的新鲜感中挣扎的男女们，不知道这个世界上有另一种新鲜感，那就是走出舒适区的新鲜感。

这是一种发现自己的新鲜感，一种拥有了面对自己黑暗面的勇气的新鲜感，一种可以胜任过去无法想象的局面的新鲜感。

在“花花公子”崩溃的时候，他发现，自己真正想要的不是美色，而是有人可以接受毫无魅力的他。他过去一直都生活在必须完美的家庭里，比如考试成绩不是100分，他便无法忍受母亲的眼泪。于是，他就要努力让妈妈永远都露出笑脸，但这样太累了。

他发现，其实自己很恨妈妈，是妈妈的抑郁剥夺了他原本无忧无虑的童年，所以他才要在情感游戏中不断索取，毁灭一个又一个女人，让她们痛哭流涕，以发泄自己无法向妈妈发泄的愤怒。

当一个女人跟他说：你累吗？他才真正面对自己的旋转木马，是的，他终于知道自己真正要的是什么了。这是一种睁开眼的新鲜感，一种让他放松的新鲜感，一种让他踏实地呼吸和存在的新鲜感。他终于可以停止那些无休止的已经毫无新鲜感的追求新鲜感的游戏了。

当然，真正地发现自己，是一条永远都有新鲜感的道路，因为关于你自己，有太多谜团了。

在十几年的心理学成长的道路上，我经常会有这样的感觉，忽然被一种感悟击中，明白自己原来是如此的感觉。

我记得，第一次发现这样的新鲜感是在一次意象对话的练习中，我看到一头熊，它抱住了我，是那么的温暖，我眼泪夺眶而出。我已经多年不流泪了，这一哭简直如洪水泛滥，我跑出教室，一路上，惊讶地发现自己喊着："妈妈，妈妈……"在那之前，我从未意识到，自己那么需要妈妈。

那是我第一次和我的"内在小孩"相遇，从一开始的陌生人，到慢慢相熟，我发现了另外一个自己。这些发现，让我在面对人生种种挑战的时候，越来越自如地支撑自己走下去。我品尝到了成长的滋味。这是什么都无法夺去的安全感。

一个好的心理咨询师也好，一个好的伴侣也好，因为这些人的存在，你发现了未知的自己，这样的自己，是永远有新鲜感的。

*

没有出口的亲密关系就如同一潭死水

生活在没有出口的亲密关系中，于是她的世界就变成了一潭死水。死水，总是要发臭的。

甘肃有个妈妈杀死了四个孩子，然后自杀。

这种惊悚的新闻总是能刷屏。因为它总是和我们预期的亲密关系有着巨大的反差。我们预设的世界是这样的：既然是亲密关系，我们就要相亲相爱，这才是人间正道。

一个姑娘，来自缺爱的家庭。

厌弃彼此的人为什么非要凑合在一起？也许因为这个世界太无聊，唯一的消遣就是各种吐槽和恶毒，才让他们觉得活着吧。

可是，苦了这孩子。

她努力学习就是为了有一天能离开这样的家。她努力工作就是为了永远不要像妈妈那样不得不依附于男人，没有能力掌控自己的命运。

她要好工作，也要好男人，她找了一个看上去最忠诚可靠的男人嫁了。很多人都说，你们不般配，他好丑。她说，可是他有你们不懂的温柔。

然后就是10年让人艳羡的婚姻。

这个男人可以整晚让她把腿放在他身上，可以让她枕着他的胳膊睡。

他们曾经患难与共。在他遭人陷害、公司濒临破产的时候，她赴汤蹈火，殚精竭虑；在他出车祸以后，她在病房彻夜守候，悉心照料；她永远都是那么照顾他那可怜的自尊心，从未对他说半个“不”字。

可是这样的感情，也可以在一夜之间倾覆。他眼都不眨一下地离开了她，爱上了一个交际花，比她各个方面都差了一个档次。

她深受羞辱，一是他出轨，一是他选择了这样的出轨对象。

她不明白，10年的夫妻感情，那么多年的患难与共、生死相依，都不如一时欢愉的诱惑。一个人可以在前一晚说今生你是我的最爱，第二天就跟你说，这些年其实和你在一起都是煎熬。

然后呢?

当然是离婚。

她独立照料儿子长大，不再相信爱情，只相信血缘之爱。

儿子曾抱着哭泣的她说：“没关系，有我呢，妈妈，这辈子由我来照顾你吧！”一个9岁的孩子可以说这样的话。

但19岁的时候，他却跟她说：“你就是一个控制狂，我的人生这么悲惨，都是因为你！”

她的父母抛弃了她，她的丈夫抛弃了她，现在轮到她的儿子了。这个世界还有没有公理？她还能指望谁呢？

她觉得自己这辈子分成三个阶段。

第一个阶段，她努力用自己的成绩试图唤回父母脸上的笑容，可是失败了，父母沉浸在他们的痛苦中，不介意把她当炮灰，甚至会迁怒于她。

第二个阶段，她努力经营一段婚姻，还是失败了，她的丈夫瞬间撕毁了对她来说那么珍贵的情感，把它扔到泔水桶里。

第三个阶段，她以为唯一可信的就是自己的孩子，但这个孩子还是白眼狼一样把她最后的希望撕碎了。

亲密关系有两种：

- 有出口的亲密关系。
- 没有出口的亲密关系。

这个姑娘的一生，都**生活在没有出口的亲密关系中，于是她的世界就变成了一潭死水。死水，总是要发臭的。**

出口是什么？

你把人生所有的核心需要都放在一个人身上，还是自己承担一部分，同时由不同的人来承担其他的部分？

如果是前者，那么你的世界就没有出口；如果是后者，你的人生就是有出口的。是否有出口，决定了你的亲密关系的结局。

我们对爱的认识，有两个层次：

- 婴儿层次——我没有爱，爱是别人给我的。
- 成人层次——我有爱的一半，另一半是可以通过和别人一起创造而完成的。

如果你内在是婴儿，那么你的所有重要资源都由父母供给，你一旦被抛弃，就会拼命去寻找下一个供养者。

这个姑娘的一生，可以叫作“寻找供养者”的一生。换句话就是，寄生虫寻找宿主的一生。她的人生只有一个任务，那就是找一个可以永远喂她奶吃的人。她没有能力自己捕猎。

于是，她的出口是封闭的，她找到一个人，就拼命地吸吮对方，或者让对方吸吮自己，也就是：你和我，都是彼此的唯一，就是全世界。

这是她努力解决过去创伤的方法：自创一个伊甸园，一个大乳房，这样，她就可以拒绝外面的可怕世界了。

这个姑娘也许会反驳，说：“我才没有向这些人索取呢！都是我的父母、我的前夫和我的儿子拼命向我索取！他们才是寄生虫。”那么，为什么要任由他们吸你的血呢？

地铁上，一个女生向另外一个女生传授可怕的操控术：我要照顾他到连拉冰箱门的力气都没有，这样他就没法离开我了。

我们任由对方这样使用我们，目的只有一个：你不许离开我。但是，一切都像《魔戒》这样的美国大片一样，如果你想创建一个完美的纯净的世界，那么邪恶总会降临。

为什么？因为这个世界是由两种力量组成的。一种是生的力量，就如我们的白天万物生长；一种是死的力量，如夜晚，万物肃杀。一种是让我们从无机物变成有机物，一种是让我们从有机物变成无机物。

爱，有满足，也有亏空；恨，有释放，也有压抑。

人如果不想服从这样生生灭灭的规律，就会试图去创造一个非自然的世界。什么样的人试图和天道对抗呢？受过太多创伤、生活在井底的人。

这个姑娘就是一个例子。她过去生活的环境，让她早早就得出了一种三观：这个世界是邪恶的；我是无法抵御这些邪恶的；如果找不到供养者，我不如去死。

在这种三观的指导下，她走入“自我验证”的体系当中。举目望去，到处都是出轨的男人，身边的姐妹们都是重灾区，她如何相信这个世界不是可怕的。

一次次的情感创伤会真实地提醒她，有希望才是一种愚蠢和傻天真。而如果用上各种情感操控，会让她感觉到自己多么的强大。

但事实上，她只是看到了自己能看到的世界，就像是井底之蛙，看到的只有它能看到的那部分天空而已。

她想把所有的丑恶都锁在外面的时候，她的世界就会成为最脏的地方。为了永远拥有这个男人，她总是要小心设防、步步为营，让这个男人不断依附于她。一开始这个男人会感觉到在如此强大的“妈妈”面前是何等幸福，但享受到这一切之后，他开始想另外一件事：我的自我呢？这一切都来自我老婆，我作为一个男人的事业、成就和自尊心在哪里？

同样，她的儿子也会想：我也想到外面的世界看看，我也想要变成强大的男人。

融合和分化，就像生和死一样，都是我们生命中的两大需要。

如果我们在融合的过程中受过伤害，就会非常害怕分化，就像这个姑娘，她最害怕的就是分离，因为她从未从分离中获益。

如果我们在分化的过程中受过伤害，就会非常害怕融合，就像是她身边的这两个男人，他们可以在融合中获益，但在面对外在世界的时候，他们会发现自己孱弱如螳臂当车。这个时候，他们就会本能地把所有的受挫感都扔在这个“万能的妈妈”这里。

在融合的世界里，是不允许有任何攻击、任何邪恶存在的，所以在这个封闭中存在的生物，都已经无法真正适应充满细菌的外界了。

融合的世界无法容纳日益分离的需要，于是所有原始的恨都会由此诞生。

这个姑娘因为无法消化对父母的恨意，所以试图用爱来扑灭恨的火苗，试图生活在远离恨意的世界，来逃避恨意对她的纠缠，但最终她发现，恨意就像是死神一样无法逃避。

她身边的这两个男人，无法消化过多的爱，因为过多的爱让他们无法找到自我，所以他们就用恨来拒绝爱，用最恶毒的方式逼退对方的爱，只有这样，他们才感觉到自己的存在，才能喘一口气。

或者说，他们隐约能感觉到爱的背后有一种恶意，有一种恨意。这种恨意就是：为什么你们不能像我爱你们一样来爱我？或者是：当我这么爱你们以后，你们就必须爱我；你们不能离开我，不能抛弃我，你们必须也像我爱你们一样没有自我地爱我！

很多时候，我们需要三场爱，才能真正体验到真爱。

第一场爱的剧目叫作幻想：我们会对自己说，缺哪儿补哪儿，找个爱我的人，我就可以痊愈了。对这个世界的态度是：我打不过你，我先折服，等我将来找到好人，我就可以打败你了。我们都以为自己是童话里的灰姑娘，会遇到贵人，帮自己打败命运这个后娘。

第二场爱的剧目叫作幻灭：原来找不到人来给我补偿啊，所以我先忍着，以后找人给我补亏空。对这个世界的态度是：没天理啊，所谓的贵人，其实也是老巫婆啊！这时候，我们有两个选择：是继续找一个人给我整个世界呢，还是要进入现实的世界让自己学会捕猎的能力呢？

第三场爱的剧目叫作重生：我要找个对的人，来帮我提升消化痛苦的能力。对这个世界的态度是：我开始完成对世界的哀悼，开始学会如何在现实世界中生存，而非继续搭建自己的幻想之塔。

我们需要幻想，因为我们需要生命这粒苦药的糖衣；我们需要幻灭，因为我们需要知道什么才是天道；我们需要重生，就是真正地寻找一个消化痛苦的容器来帮自己痊愈，跳出方寸天地，看到更大的世界。

往往在第三阶段，很多人才会寻求心理咨询。这个时候，我会让他们看看自己的“内在小孩”。很多人会看到一个衣衫褴褛的小孩子，在旷野里流浪了很多年，却无人理睬。

我问来访者：你看到自己的“内在小孩”了，什么感觉？

他们一般都会这样说：我很厌恶，我想远离他，我很讨厌他……

这就是生命的真相。

为什么所有人都会离开你？因为你不知道自己有多么讨厌，你也不知道自己有多么讨厌自己。

当年，你必须讨厌那样的自己，才能活下来，因为你没有能力抱着那样的你，你必须忘掉如此可怜的自己，披上各种华丽的外衣，才能活下去。最终，你变成了你最讨厌的父母的样子，就像他们对待你一样，对待你自己。

如果你无法靠近自己、驱逐内在的自我，那么你在外在如何寻求他人靠近，这不是缘木求鱼吗？你的人生就会变成一场场骗局，因为真相是：你拒绝爱自己。

当真正有那么一瞬间我们可以毫无障碍地拥抱自己的“内在小孩”时，我们的光辉会在那一刻绽放。一个人的改变，就从那一瞬间开始。

我们的一生，是说服自己爱自己的一生，而不是说服别人爱自己的一生。

在那一刻，我们才能开始欣赏人生所有的不幸、所有的恶毒、所有的恨意。我们才会明白，所有的善意都来自满足，所有的恶意都来自不满足。

*

不敢表达恨，是我们情感世界最大的坑

人和人的关系，实在有太多的“假性亲密关系”，我们不敢去爱，也不敢去恨。

心理圈里曾有一场微博论战。

起因是李雪在微博上发了一段文字，引起心理健康教育与咨询中心总督导、北大教授徐凯文的不同看法。

李雪在微博中说：“有的父母总是逮个鸡毛蒜皮的事就反复攻击羞辱孩子，闹得好像天大的事儿一样，因为这样逼疯孩子，会感受到放松舒爽，跟吸毒成瘾差不多。当孩子被洗脑附体一样开始实施自残自杀行为时，是妈妈达到巅峰快感的时刻，看着孩子掌掴自己、刀割自己，会控制不住嘴角上扬，会心一笑。”

再看徐凯文的评论，他说：“不懂装懂最误人。”

这激起了李雪的不悦，她说：“我很好奇，作为北大心理学博士，遇

到不同观点，为啥不是讲出自己的观察思考推理呢？”

徐凯文回复：“抱歉此前评论严厉了些，不能同意你的观点，误人子弟，太过极端。”

然后，他写了两篇长文，一篇主要说他20年的咨询生涯，从未见过父母会恨孩子。另一篇从咨询的伦理督导层面，告诫咨询师要谨言慎行，一旦触及受众的心理创伤层面，内心的创伤被唤起，会一发不可收拾。

随后，武志红老师用另一篇长文，肯定了徐凯文的学术水平，但不认可其观点，证明父母对孩子的确是有恨的。

如果爱恨情仇是人的基本情绪，那为什么父母对孩子就缺失了“恨”？如果缺失了“恨”，孩子是从哪里学会这种情绪的？（关于父母恨孩子的更多例子，可查看文末小贴士。）

父母“恨”孩子，到底有多可怕？

宣扬“恨”，真的会引发更多的“恨”吗？

这一系列问题都非常有趣，以至于我也想在此说说。

爱恨有正负之分

爱与恨，是人类最基本的两种情绪。几乎所有情绪都可以归于这两种类别。我的理解是，这场论战的核心在于爱与恨对我们的影响。

英国精神分析学家比昂说过，爱和恨都有正负之分：“+爱”，“-爱”，“+恨”，“-恨”。

咨询中，我问来访者：“你觉得你爸妈爱你吗？”

来访者："爱啊，我爸爸天天忙工作，拼死拼活维持家里生计，没有他，我根本上不了大学。妈妈带我们四个兄弟姐妹，身体都被拖垮了，很多时候，我不得不替她去田里收割。"

我："如果有'但是'，你会说什么？"

来访者："但是，爸爸经常揍我，多是因为我学习不好；妈妈常跟我说她的痛苦，希望我多理解她，爸爸觉得她太唠叨不愿意听。我不能拒绝妈妈，如果拒绝，我担心她身体会更差；可当我想让她听我说的时候，她总会说'你不要给妈妈添麻烦了……'。"

这里面的爱，是正还是负，区别就在于是否把人物化了。

一个贫寒之家为了能生存下去，没有条件谈人权，必须被物化。

被工作和家庭折磨得精疲力尽的父母，需要孩子承受他们所不能承受的，做他们的倾诉对象和泄愤工具，这样，这个家才能勉强维持下去。

你无法要求生活在贫困线上的父母能给孩子多么强大的情感支持，因为他们自己都自顾不暇。

被物化的爱，就是负的；被当作一个"人"看待的爱，就是正的。

所谓的"我都是为你好"这样的爱，往往都是负的。一旦共情的需要是单向的，那么这样的爱往往就是负值。

"我都是为你好"

很多80后都有这样的体验，父母往往风里来雨里去，含辛茹苦省下钱给孩子买钢琴，送各种学习班，他们真的很爱孩子。可他们爱的，不是作为一个“人”的孩子，而是作为一个“物体”的孩子。

什么意思？因为他们从未问过孩子：你喜欢钢琴吗？你想要的是什么？

这样的爱，就是“母婴”之爱——我们所有人都需要这样的爱；但这样的爱，不是爱的全部。

当我们是婴儿的时候，我们的爱，都是负的。

作为婴儿，如果我想拉尿、喝奶，我才不管妈妈晚上起几次夜，我才不管爸妈刚吵完架，妈妈正在产后抑郁阶段，我就是要吃喝拉撒，你们必须马上满足，否则我就哭哭哭！

之后，我们才开始社会化。我们需要很多挫折，把自己和他人当成独立的个体区别看待。但如果这种挫折超过了我们的承受范围，就会形成假性自我——我们会变成“孔融让梨”提倡的那种乖孩子，看起来过度早熟，但内核还是婴儿。

这样的我们会安然度过少年时代，直到进入亲密关系，内核中的婴儿本质会暴露出来，要求他人满足。此时我们就会转向自己的孩子，用一句“我都是为你好”，把“吸管”插到孩子身上……

残酷吗？我不认为。

你如果在《动物世界》里看到狮子捕猎羚羊，可能会觉得羚羊很可怜。但你要知道，吃不到羚羊，狮子会被饿死，它就不可怜吗？就是因为它长了锋利的牙，就不能被同情吗？

在“物化”的世界，是不存在“残酷”这样的词的，只有“生存”。而“生存”要比“残酷”更根本性地决定我们的行为。

“+ 恨”vs“- 恨”

我问来访者：“你的爸爸打你，妈妈强迫你听她絮叨，你恨他们吗？”

来访者：“不，我很爱他们，他们那么不容易，我怎么能恨他们。”

我：“也就是说，如果他们不辛苦，你就能恨他们了？你并不是没有恨，你是不能恨、不忍恨？”

来访者：“是的。”

我：“如果你恨了他们，会发生什么？”

来访者：“我爸爸就会毁了我，我就会毁了我妈妈。”

到底什么是恨呢？恨就是需要不被满足的时候，或遭遇入侵的时候，我们想要排除掉的不悦感的趋向。

没有人喜欢被爸爸打，没有人喜欢听妈妈唠叨，没有人喜欢自己需要被理解的时候却遭受指责、无视和误解。

当我们想要对方调整的时候，我们其实是要挑战对方的。如果这种挑战不能被环境容纳，反而会导致更糟糕的打击和更恶劣的结果，我们就必须忍受这种痛苦。

在咨询室里，我看到大量对自己空前指责的来访者，因为他们的恨不能被接纳，他们转而攻击自己，希望自己更强大，更没有依恋的需要，更不需要他人的理解，不需要爱。

他们的关系如此脆弱，以至于不得不给自己构建一个美好的幻想：我父母都是爱我的，他们也不容易，他们需要我更多的爱。

禁不起表达恨的爱，实在太脆弱。

这就是徐凯文提到当今社会盛行“空心病”的原因——人和人的关系，实在有太多的“假性亲密关系”，我们不敢去爱，也不敢去恨。

因为我们怕一旦拿出真正的自我，这个关系就会摧枯拉朽一样被毁灭。

“我不能表达恨”

很多的妈宝男和婆媳矛盾会出现，都是因为“不能表达恨”。

很多女人不明白，为什么一说到自己的母亲，男人会摆出为共产主义事业奉献终生的革命姿态——我妈说的，都是对的；我妈不容易，你必须顺着我妈！你和我妈掉到水里？当然是救我妈啊！

妈宝男的养成，就像那个来访者表达的：对爸爸表达恨或攻击，我会被爸爸毁掉；对妈妈表达恨或攻击，我会毁掉妈妈。

无论是毁人还是被毁，都是无法接受的。于是，很多妈宝男会找一个充满战斗精神的女人来斗妈妈，或者找一个疯狂的小三儿来斗妻子。他们会对领导唯命是从，但总会坏领导的事儿。

这就叫被动攻击，或李代桃僵。

因为，没有人愿意生活在永远被爸爸欺负的世界里，也没有人愿意生活在要永远满足妈妈愿望的世界里。

每个人，都想成为一个“人”。

如果正面表达恨的方式无法实现，我们就会用负面的方式表达；不能向外表达，我们就只能向内或者换个方式迂回地表达。

我看过一个电影，因为很多矛盾分道扬镳的两兄弟，最后在拳击场上相遇，彼此打成猪头，最终两个人紧紧拥抱，那叫一个爱。

在女性世界里，扫地不伤蝼蚁命是爱；在男性世界里，不打不成交是爱。

问题在于，如果我们的环境太艰苦，我们就无法实现“+爱”和“+恨”的转换，而长期滞留在“-爱”和“-恨”的世界里。

我们看到太多人沉浸在对父母、对伴侣、对孩子、对世界的仇恨里，因为他们不敢承认自己是有爱的。

真实，比爱恨更重要

一个来访者不断倾诉对父母的仇恨，无穷无尽地说着。直到我说：“也许你想要的，就是让妈妈好好抱抱你。”她愣住了，眼泪流了下来。

有的来访者对我说：“我可以攻击你吗？我可以拒绝你吗？我可以说你刚才说我的我毫无感觉吗？”

他们都在尝试走出舒适区，尝试发展曾经停滞的自我，尝试去发展“+爱”和“+恨”。

当他们表达出太多“-爱”和“-恨”时，我都无法承受了，我有时会失去咨询师的位置，和他们一起陷进去，然后好不容易我爬上岸，告诉他们：刚才，我也掉进去了，我那时候没有沉住气。

来访者说：“我喜欢你掉进去，我从没想发展什么正能量的爱和恨，我只觉得刚才失控时候的你很真实，我想要的，就是真实的你。”

对，那一刻，我不是咨询师，我是一个“人”；对方也不是来访者，他也是一个“人”。

没有诱惑的深情，没有敌意的坚决。我相信是那些相遇，我与你的相遇决定了什么发生，而不是其他。而这种真实，可能会比爱和恨更重要，因为它是原初的、没有被扭曲或加工过的。我们人生太多的问题，都是因为没有条件去“真实”。

如果有条件去“真实”，也会更有生命力。

Tips 小贴士：“母亲都是恨婴儿的”

著名的客体关系大师温尼科特，列举了 18 条母亲恨婴儿的原因，我发现，将这些原因放在父母双方和大一些的孩子身上，很多是同样适用的：

- 婴儿（孩子）不是她自己心中设想的那样。
- 养育婴儿（孩子）不是童年的游戏，爸爸、哥哥也不像我一样地对待孩子。
- 婴儿（孩子）的出生一点也不具备浪漫和神话色彩。
- 怀孕和生产的时候，婴儿（孩子）对她的身体来说存在危害。
- 婴儿（孩子）妨碍了她的私人生活，对自己全神贯注做事也是个挑战。
- 生孩子是为了安抚自己，因为她或多或少会需要一个孩子。
- 婴儿（孩子）伤害了她的奶头，甚至被咬破流血。
- 婴儿（孩子）是无情的，对待她就像对待一个下等人，一个不领取报酬的仆人，一个奴隶。
- 从一开始她仿佛就只能爱婴儿（孩子）、爱他的排泄物及爱他所有的东西。

- 婴儿（孩子）总是设法伤害她，周期性地咬她。
- 婴儿（孩子）表现出不再信任和眷恋她，还会嫌弃她。
- 婴儿（孩子）得到了他想要的东西，就把她像垃圾一样扔掉，不再理她。
- 婴儿（孩子）一开始肯定至高无上，他必须被保护免于意外，生活必须以婴儿的步调进行，所有这些都需要母亲不断周到地学习。
- 最初婴儿（孩子）一点也不知道她所做的事，或她为他做的牺牲。
- 婴儿（孩子）有时候拒绝她给予的食物，使她怀疑她自己，与此同时婴儿却吃其他人给的食物。
- 明明她和婴儿（孩子）一起出门，度过了一个糟糕的上午，而婴儿向一个陌生人微笑，陌生人就说“他多可爱啊”。
- 如果她从一开始就抛弃或疏忽了婴儿（孩子），她知道婴儿（孩子）将永远报复她。
- 婴儿（孩子）使她兴奋，但也使她感到受挫——他并不属于她。

*

想跟老公谈个心，先等 10000000000 万年

这是一种幻想：男人永远如山一样，可以永远给女人提供爱；女人永远像水一样，可以永远给男人提供崇拜。

基本上，很多“直男”（典型男人）对感情的态度，一言以蔽之：简单主义——想那么多干吗？

• 如果不想，就没有问题，问题都是想出来的！

• 让时间慢慢疗愈！

• 如果你不总是撕开伤口看，那它就会自己痊愈的！

• 学了心理学，你变得更神经兮兮了！

很多“直女”（典型女人）对感情的看法，一言以蔽之：扩散主义——不想多了，我会死的。

• 如果不多想，问题就会像癌细胞一样疯长！

• 老师说了：“如果你爱一个人，就会频频用眼光注视对方。”他今

天一天都没怎么正眼看我……

- 他刚才说话有一停顿，是不是咽下去什么话了？
- 他为什么没有回复我？已经过了十分钟了。
- 为什么他的电话在占线？
- 今天他睡觉的时候没有抱我，还穿上了睡裤，以前他都是裸睡的……

在女人的眼里，这种简单粗暴意味着他已经不爱我了。

在男人的眼里，这种婆婆妈妈，意味着她已经不看好我了。

这个世界上 80% 的“渣男”“渣女”，都是自己制造出来的。如果你情商足够低，对异性和自己也不理解，说话只说表面，那么你一定会制造出一段充满眼泪和痛苦的关系。

很多女人不理解，为什么男人不爱谈感情？

其实，男人很爱谈感情，他跟红颜知己不知道说了多少心窝子话。他可会表达了。但是为什么到了自己妻子这里他就变成榆木疙瘩了？

一个很简单的道理：男人喜欢上位，女人喜欢下位。男人喜欢竞争，女人喜欢合作。这里请注意了，我说的男人和女人是指男性思维和女性思维，不是性别上的男女。在中性时代，很多男人是女性思维，很多女人是男性思维。

为什么男人喜欢竞争？因为竞争可以给男人带来“上位感”：男人的世界，就是一个战场，他们一生要努力回避的就是脆弱。一旦脆弱了，他们就陷入可怕的“三无”状态中，无望、无助、无价值。

在人类的进化史上，男人一直扮演战士角色，战士是不能示弱的，不能跟老虎进行心灵沟通，能决定生死的就是谁强大。谁强大，谁就能活下来。

女人一直扮演后勤角色，是不能逞强的，因为在女人的营地里最重要的不是斗争，而是合作。假如你生病了，你家娃谁来带？还不是隔壁帐篷里的大婶？一个孩子的长大，需要全村人的努力，人缘不好，对女人来说就是死路。

所以，男人最怕的就是被否定，被看不起；女人最怕的，就是不被欢迎，不被喜欢。

一段失败的对话，一定包含这两个元素：男人的面子被毁了，女人的亲密感被破坏了。

为什么男人不爱跟你谈感情？为什么你们的关系走到了“男默女泪”的境地？一句话：彼此的核心需要都没有得到实现，自然就无法对话下去。

在所有情感的开始，我们都会有一种幻想：男人永远如山一样，可以永远给女人提供爱；女人永远像水一样，可以永远给男人提供崇拜。

但事实上，谁都不是神。一旦我们都想扮演神的时候，我们的关系就难以维系了。

我们来看看这段对话。

女人：“为什么你可以和她聊得那么开心、无话不说，到了我这里就总是沉默？”

男人：“我们那时候在谈恋爱。”

女人：“那我们现在再谈恋爱吧？”

男人：……

女人："为什么你不愿意和我谈恋爱？你是不是不爱我了？不爱我了为什么还要回来？"

男人：……

这种谈话，叫作"壁咚式"的谈话：女人步步紧逼，男人退无可退。

这种谈话，一般有这样的特点：

•一定有很多问号。

•一定有很多怨气。

为什么有很多问号？因为女方不认为自己有错，认为错都在对方；或者认为就算我有错了，你错得更多，更严重。所以，女方是老师，男方变成了学生，男方要写一万字的检讨书才能过关。这样的谈话叫审问，不叫谈感情。

那么，为什么女方不认为自己有错呢？因为她把男方当成责任方，而自己则是无责任方，她相信男人是神，人犯错，犹可恕，神犯错，不可饶。

于是她就有这个逻辑：你忠诚就是男人，不忠诚就不是男人。男人是负责打猎的，如果男人把猎物给了别的女人，就是男人的错；女人是在家照顾孩子的，如果女人没照顾好孩子，那是女人的错。

这样的逻辑，就是生活在原始部落时代的逻辑：男人负责资源，女人负责经营。女人总是把男人当成爱的提供方，自己则是爱的接收方。你爱不爱我？你离不离婚？这些重大问题，都是男人来做决定。女人不是决定的制定者，只是决定的执行者。

这种思维模式的好处在于省力，坏处在于费力。省下的力气，都用在纠结和焦虑上了。

正面沟通时，男女双方的核心需要都会得到满足；而负面沟通时，大家的核心需要都是被践踏的。

如果我们的人生有了一些阅历，就会发现，**伤害我们的不是别人，而是自己很多的“想当然”“自以为是”和“不假思索”。**

一场触及心灵的对话，一定要包括四个元素：

- 懂得彼此的核心需要。
- 确定自己在关系中的角色。
- 营造安全的沟通氛围。
- 足够的话术和沟通技巧。

事实证明，只要你肯用心、用脑、投入，没有什么永远沉默的男人，也没有永远哭泣的女人。

男人不说，是因为他们害怕这场对话赢不了。

女人总是说很多，是因为她们完全被自己的恐惧抓住，忘记了自己也是有力量的强者。

C　H　A　P　T　E　R

2

第二章

/

为什么女人在婚姻中活得这么累

*

*

你缺什么，就会在亲密关系中期待什么

我需要一艘永远不会沉的船，因为我害怕面对分离、丧失和孤独终老。

婚姻可以很强大，比如一段婚姻可以任由一个男人吃喝嫖赌、无所事事都能勉强维持；婚姻也可以很脆弱，忽然有一天，一件小事就可以让这一切付之东流，比如妻子看到了丈夫给小三儿发的短信，里面的深情款款是她这辈子梦寐以求、却又求之不得的，她本以为丈夫根本没有能力爱，没想到他其实是个情种，只是这份柔情不在她身上而已。

决定一段感情生死的，到底是什么？一言以蔽之：潜规则。

有潜规则，就会有显规则。

在咨询中，我会问："你爱他什么？"

一般都是这样的回答："我爱他上进，我爱他帅，我爱他稳重，我喜

欢不说话的男人，他很聪明，他很好玩，他家境好……”

这些都是显规则。

潜规则是隐藏起来的，不为所见，却是决定一段感情生死的关键。

只要我问一句：“你为什么会喜欢上进的男人？为什么他很好玩，那么招你爱？”潜规则就会暴露出来。

可惜，太多的关系从来不问“为什么”。没有“为什么”的世界很太平，就像流水线一样的生活，你根本不用动脑筋，就会随波逐流地活下去一样，就像一群没有天敌的袋鼠，在澳大利亚的草原上尽情狂奔。

可是没有“为什么”的世界也很可怕，因为一旦天敌到来，环境改变，你的苦日子就来了。没有水的时候，鱼就要问自己：我为什么没有肺？我为什么不是两栖动物？

但为时已晚。

为什么呢？

“我从小最大的志愿，就是长大了，一定要找个和我爸爸完全不一样的男人。”

我问：“你爸爸怎么了？”

“他连自己的老婆孩子都养活不了，做什么工作都是三分钟热度，换了无数的岗位，钱越来越少。我清晰地记得，小时候和我妈一起到亲戚家借钱的日子。”

我问：“为什么你要跟你妈去借钱？”

“妈妈说，如果带上我，亲戚更容易借钱给我们。”她接着说，“他自己怕丢脸，就舍得让我们娘儿俩丢脸！所以我一定要找一个有能力的、真正愿意投入到事业上，而非麻将桌上的男人！”

我看向对方：“那么，你的老公是这样的人吗？”

“是的，可是他太极端了，他只有工作，没有生活，只有事业，没有婚姻。”

我问：“你们的婚姻有多少年了？”

“20年了。”

我接着说：“你在什么时候，开始觉得没法过了？”

“去年。”

我问：“那么前19年，你给这样的关系打多少分呢？”

“60分到70分之间吧。”

我问：“为什么去年忽然觉得不能忍了呢？”

“因为他过不下去了，他说自己已经找到一个可以让他有生活的女人，他不喜欢这样没有‘盐味儿’的生活，不喜欢总是我靠着他，他觉得太累了。”

我问：“那么，为什么他现在才觉得累呢？以前为什么没有觉得呢？”

现在轮到她老公开口了：

其实当年我喜欢她，就是因为她有一种我见犹怜、楚楚动人的感觉。我为什么喜欢她这一点呢？可能因为我的原生家庭就有这个特点：男人很强大，女人很柔弱。我爸独当一面，我妈完全服从。他们很恩爱，很美好。我一直都觉得他们是我学习的榜样。

但是……现在我开始明白，为什么我爸看上去总是不快乐了。

虽然整个家族都给他非常高的赞誉——他养活了上百口子的亲戚朋友，但是他没有自己的生活。我现在才发现，我根本没有接近过我的爸爸，他太孤独了。

我前半生所有的努力，都是想要追上他、超越他，最后当我和他“并肩而行”的时候，我才明白过去他总是不希望我那么出色的原因——他不想让他的儿子再过他的生活。

这是我父亲去世多年后，我才明白的道理。最遗憾的是，当我明白了他的苦心之后，却没有机会再和他谈谈了……

潜规则就是我们的“期待”。

一个女人从小目睹父亲的无能让全家蒙羞，于是她想要在自己的亲密关系中完成一次蜕变：我要找到一个和爸爸相反的男人。

这个男人呢？也想要成为一个超越父亲的男人，他觉得父亲一直都阻止儿子成为像他一样的男人，于是他找到了一个可以给他全部崇拜的女人。

他们的显规则是：你做超级爸爸，我做乖乖儿女。潜规则是真正的“渴望”。

当这个男人终于超越爸爸，当这个女人终于享受到衣食无忧的生活，他们的“表层需要”就已经得到满足，此时，“深层需要”开始蠢蠢欲动。

什么是“深层需要”？

“深层需要”，就是完成父母未能完成的整合。

在他们的原生家庭里，都有未完成的事情：女人的父母无法接受女人强大，男人的父母无法容忍男人弱小。

当我们无法接受自己强大的时候，就倾向于找强大的伴侣；当我们无法接受自己弱小的时候，就会对小鸟依人的感觉无法拒绝。

这种对自己弱势功能深深的不接纳，就是一枚定时炸弹，它会在未来的某个时间段被各种无常的变化引爆。就像是没有长出肺的鱼，永远都生活在危机中——没有水了怎么办？

当我们的“表层需要”已经被彻底满足了，或者无法被满足的时候，就是炸弹引爆之时。就算是形同虚设的婚姻，也有它的潜规则，那个潜规则，还是我们的“表层需要”：我需要一艘永远不会沉的船，因为我害怕面对分离、丧失和孤独终老。

如果我们从进化心理学的角度来看一段关系，可能要比从道德角度更清晰一段关系的走向。

当我们的游戏规则无法和环境变化、我们自身的改变相匹配的时候，当生产关系无法适应生产力发展的时候，就是变革的开始。

“我想要更多”以及“我受不了”的感觉，都会让我们无法维持过去的“表层关系”。这个时候，考验的就是我们的人格水平的“弹性”。

就像进化树上一开始有很多种生物，慢慢地有些线头就断掉了，有些线头不断延伸。有些生物一辈子只能活在一种环境中，只能用腮呼吸，只能活在某个水温范围内，只能吃一种食物，当改变来临时只有一种选择：去死。有些生物则开始进化，开始努力长出肺，努力适应没有水的生活，让线头继续延伸下去，赢得更多的主动权。

我们每个人，一生也都在进化。

一直到今天，我们就是这样努力适应，进行各种创造性改变，改变各种游戏规则，让自己幸存下来的。

今天，女人不靠婚姻维持生存了，不靠养孩子换取粮食了。

人类依然在进化当中。

在未来，可以确定的是，像“直男癌”“圣母女”“渣男”这样的男女，可能会慢慢被淘汰，因为他们的存在，要么不再适应不断进化的情感世界，要么其历史作用会慢慢地降低。

比如“渣男”对这个时代的贡献，就是让很多女人学会了脚踏实地活下去，或者逼迫很多幻想中的女人面对现实。他们的破坏，带来我们对亲密关系的反思和深刻理解。

在一个解构的年代，他们的历史意义是很重要的。在一个建构的年代，比如女人没有那么缺爱了，大家的情商不断提升的时候，他们就没法蛊惑“未成年”的成年人了。这时候，就是这个族群慢慢衰落的时候。

时代，有时代的潜规则，每个人又有每个人的潜规则，这些规则都指向一个字：中。

这个“中”字，其实意味着一种恰到好处的亲密关系和人生观，意味着你需要整合过去生命中无法整合的东西。

比如：我需要一个强大的男人，但是不是意味着我自己就不能强大？为什么女人不能自我强大呢？

比如：我想成为一个强大的、为他人所需的男人，然而是不是意味着我一辈子都要做“雷锋”，成为“大母神”，喂养我身边所有人？是不是我也可以拥有我自己的生活？是不是我也可以跟其他人提出需要？

这个“中”就意味着新陈代谢的平衡，意味着施与受、自我与他人、个人与世界、爱与恨的动态平衡。

- 所有极端，都必然会在某个时间段崩盘。
- 所有不平衡，都必然会在某个点上反弹。
- 所有幻想，都要以接地气告终。
- 所有获得，都要支付相等的代价。
- 所有的人，都逃避不了进化、改变和适应。

这一切真正的改变，发生在我们退无可退、忍无可忍的时候。没有足够的疼痛，我们不会改；没有足够的危机，我们不会改；没有足够的空间，我们也不会改。

这个世界上所有的领悟，必然要痛彻心扉；所有规则的更替，都需要付出必死的勇气。

你唯一能决定的，就是什么时候，捅破这层窗户纸。

也许，这也不是你能决定的。

*

不想占便宜，你的婚姻才能持久

一个人成熟与不成熟就看一个指标：他有没有内化父母的爱。

什么是占便宜?

占便宜就是人生的逆转，不是靠自己的本事，而是靠别人的本事。《灰姑娘》就是一个占便宜的故事。灰姑娘凭借外挂神仙的帮助，战胜了现实。童话故事的结局往往是美好的，但在现实中，灰姑娘翻身是小概率事件。当我们有了一定的理性以后，就会了解到，那终究只是幻想而已，做不得数的。

可是在情感中，我们却试图把它变成 wonderland（仙境）。为什么我们在情感中喜欢做梦和幻想呢?

第一个原因是：惯的——未曾吃过亏，以为情感可以占便宜。

举个例子。一个小孩，在家里调皮捣蛋，但在幼儿园是遵守规则的好孩子。为什么？如果他在幼儿园还拿出在家里的那套，对老师和同学是不管用的，他自然就吃亏了，然后就学会了尊重现实。

所以他学会了两套系统，在家里，他执行童话的系统；在学校，他执行现实的系统。当他走入婚姻的时候，他也会如此分区。

第二个原因是：伤的——吃了太多的亏，所以幻想占点儿便宜。

为什么有的老人喜欢“碰瓷”？只要调查一下就会发现，这些老人的幸福感往往是很低的。他们往往会有这样的心态：我吃了一辈子的亏，太亏了，我要捞回来一些。还有另一种人，比如灰姑娘那样的女孩，她们也是吃了太多的亏，是什么让她们可以坚持在父母的冷遇中存活下来？就是她们的幻想。

一个人幻想能力越强，越说明他在现实中乏善可陈，甚至充满创伤，如果有人可以理解和安抚他，他不至于启动幻想这样的防御机制。

情感中大概有这样四个童话。

第一个童话：只要我发愿，会有一个人把我从灰姑娘变成公主。

小A，遇到了B先生，在他的注视下，她觉得自己如盛装出席于华美的舞会上一样，成为世界上最闪耀的发光体。

最终当情感结束的时候，她发现痛苦的事情在等着她：她甚至无法容忍自己原来灰姑娘的地下室了。一个做过公主的女孩如何忍受这样的灰暗世界？可是她只是月亮而已，当太阳不再照耀她的时候，她的世界就陷入了更加难以忍受的黑暗之中。

第二个童话：只要我发愿，会有一个人永远始终如一地为我负责。

小C，遇到了D先生，他一直都是那么体贴、珍爱她，开车接送，煎炒烹炸为她做尽美食，为他们的孩子鞍前马后，是人见人爱的特号好男人。可是有一天他说，我累了，我不想这么照顾你了，我也想有人照顾，我对你仁至义尽了。此后，她发现自己像被豢养的小猫，已经没有生活能力了。

第三个童话：只要我做个好孩子，他就永远会爱着我。

小 E，遇到了 F 先生，她极尽圣母之能，甚至他出轨的时候，她还怕他被其他女人骗，还想要保护他。她是人人称道的好妻子，连 F 先生都说，我想找个理由和你离婚都很牵强，也许唯一能找到的理由就是你太完美了，在你这样无懈可击的人面前，我没有存在感。

第四个童话：只要我足够努力，爱就会一直在。

小 G，是一个努力成长的女孩，因为婚姻出了问题，她开始一哭二闹三上吊，逼迫对方就范，花了很多时间做心理咨询，参加各种课程，性情大变。但老公还是决绝地要离开她，她很悲催：我都改变了这么多，为什么你还要离开我？

因为现实不是你建构的，不是你抱着美好愿望、努力做个好人或者努力成长就一定会给你同等回报，现实有现实的规律，童话有童话的规律。相对来说，童话的规律主要就是简单和省力。我们当然会情不自禁地喜欢童话。

我们该如何从童话中梦醒呢？

一般来说，一个人成熟与不成熟就看一个指标：他有没有内化父母的爱。往往我们会看到这样的现象，那些父母所爱的孩子，长大以后未必很黏父母；那些父母所忽视的孩子，长大以后反而常常会和父母纠缠不清。这是为什么呢?

我们的爱，其实分为两个阶段。

第一个阶段，我们是外化他人的爱的。

此时，我们是一体的，就如同婴儿和妈妈的关系，两者难分难解。对婴儿来说，妈妈就是全部；对妈妈来说，婴儿就是她的全部。如果对方不在自己身边，就会怅然若失。

很多人分手后有这样的痛苦：我感觉自己的一部分离自己而去，甚至感觉自己的灵魂已经被他带走了，只剩下一具躯壳。这样的爱，自然是激情无限的，彼此的边界都消失了。

第二阶段，我们是可以内化他人的爱的。

此时，我们开始发现，我们不再是彼此的一切。妈妈还有爸爸，而小婴儿还有其他的小伙伴。世界这么大，想四处看看。

此时很多小孩会尝试爬着离开父母，然后回头看看父母是否还在。然后慢慢地父母可以在另一个房间，而孩子也可以安之若素，因为他的内在可以有一种父母爱他的画面存在。这种客体的恒常性与稳定性，决定了一个人一生的安全感。

父母如何安抚我们，长大以后我们就会如何安抚自己。当这种影像慢慢渗透到我们的内在去检验我们的“客体恒常性”的时候，就是我们的人生发生危机的时候。如果我们内在的负面语言超过了我们内在的安抚语言，说明我们早年内化父母的爱抚的影像不够。

我曾看到一个小孩跟在姥姥身后走，小孩走起路来也是弓腰驼背，颤颤巍巍，这就是一种内化。

父母对我们的赞许，对我们的笑脸，也会如走路姿势一样，慢慢渗透到我们的内在。父母如何安抚我们，我们长大以后就会如何安抚自己；父母如何伤害我们，我们长大以后就会如何伤害自己。

如果我们和父母的爱的连接在早期不足，比如父母在我们生命早期经常不在我们身边出现，或者我们身边的照顾者总是变换，那么我们内在的父母爱自己的影像是不稳定的。我们就会停留在外化他人的爱的阶段，体现就是，我们很黏人，希望对方时刻陪伴在身边。

初级的爱，只享受快乐，不承担责任。喜欢生活在爱的第一个阶段的人，往往就会希望对方在身体上永远不要离开自己，甚至可以放弃和牺牲一切，只求对方可以有身体的陪伴。

他也更容易生活在幻想之中，希望对方可以像父母一样无私地给予所有的爱。这种爱是一种超量的补偿性的爱——他期待爱人可以给予他过去几十年残缺的所有的爱。他想穿越回到婴儿时代，让伴侣做他的妈妈，他只享受爱，不承担成人的责任。

而如果对方没有达到他的要求，他就会使用控制的方法，因为他不能接受对方不爱他，伴侣必须爱他，必须永远爱他，必须一直保持高浓度地爱他。他可能也知道自己在爱的时候的确有些霸道，的确有些幼稚，但他没法改变。就像我们没法让只有 7 秒钟记忆的鱼（科学证明鱼的记忆没有那么差，我举这个例子，只是一种象征）有长久记忆一样。

要敢于松手，就像让一个孩子饿的时候不哭泣一样。对一个婴儿来说，每次他饿的时候，都是生死危机，他不知道妈妈是否存在，是否会继续给他生命唯一的滋养。

从必须于他人那里获得资源，到可以内化他人的爱在心中，然后自己去寻找资源，是一条心理成长之路。

最高级别的爱是袒露与分享。

一个人去狩猎，他的干粮决定了他探险的距离，还有他的求生能力；如果他带的干粮（父母的爱）和他的求生能力（他内化父母的爱的影像的能力）足够，他就能跨越人生的种种崇山峻岭、戈壁险滩，最终找到人类最高级别的爱与幸福。

所以，我们的人生更多的是和袒露与分享有关，而非与压抑和控制有关。

心理成长，是一个真正地回归自我和找到自我的过程。在这个过程中，我们可以积攒起足够多的爱的影像，最终将其变成一种真正的发自内心的温暖，让自己能在这个宇宙中驰骋。是的，不用去寻求发光体了，我们自己就是发光体。

*

和很“作”的人谈情说爱，会有什么样的体验

无论是哪种“作”，其实都是一种控制。

所谓“作”，就是不能自控、有好日子却不能好好过的一种状态。

如果你觉得人生无聊，和作女或者作男谈谈恋爱，保管你改变这个看法；如果你觉得人生美好、世界和平，和作女或者作男来一次天雷勾动地火的感情纠葛，你就知道情路的坎坷了。在情感世界里，要想好好保全自己的小命，最好还是擦亮眼睛了解一下这种霸王龙级别的掠食性生物。

所谓“作”有以下五种元素。

• 爆炸性、冲动性和行动性：一言不合，大耳刮子立刻上，或者马上说要分手，或者进入各种辱骂、指责等。好的时候，如沐春风；坏的时候，跟你拼命，把你当成恶魔一样下狠手。

• 脆弱性：和这样的人生活，你就生活在雷区，不知道什么时候，在哪里得罪他（她）了，接下来就是一场大爆炸，真是伴君如伴虎！

• 自我中心：你不哄，他（她）就一直闹，闹到天翻地覆海枯石烂。“你必须满足我！”

• 怀疑主义：永远都觉得你会出轨，一时半刻不回短信和电话就会发疯，觉得你抛弃他（她）了。

• 强大的影响力：所谓“贼咬一口，入骨三分”，“作”的人往往内心的力量很大，他们最大的能力就是靠各种“作”让别人不得不对他们俯首称臣。

另外，“作”有六种类型，我们必须识别“作”的类型，才能对症下药。

边缘型“作”（“作”效：五颗星）

这种“作”属于完全失控，失去了灵魂的“作”。

其特点是来时“忽如一夜春风来，千树万树梨花开”，去时一地狼藉。在很短的时间里，他（她）会毫无理由疯狂地迷恋上你，非你不可。但很快，也许不到一个月，对方就开始把你当恶魔来对待，完全把你贬低得比猪狗还不如，或者上午你还在做上帝，下午你就在做恶魔了。总之，你感觉自己的生活永远都在颠簸。

这类人在心理学上被称为边缘人格障碍，往往生活在冰火两重天的世界里。比如妈妈高兴的时候对孩子又抱又亲，不高兴的时候又打又骂，这个妈妈给孩子的感觉就是分裂的，好与坏两极化。这个孩子的内心世界也慢慢地分裂了，非黑即白、反复无常。因为妈妈像个不稳定的神经病，孩子在内心无法内化一个稳定的依恋对象。

这类人内心极度缺乏安全感，觉得外部的世界是危险的，不知道什么时候就会伤害自己。他们会不知不觉把内心的想法投射到外面，而且对自己的判断深信不疑。他们非常害怕被抛弃，活在内心的恐惧中，认为任何人都不可能安抚他们，任何人都没有真正的义务和足够的爱给予他们。他们一生的努力就是想找到一个永远不变、可以在他们混乱的生活中起到擎天柱作用的人来拯救他们，让他们不再生活在颠沛流离之中。

白骨精“作”（“作”效：四颗星）

如果说边缘型“作”是属于失控型的“作”，是当事人主观无法掌控自己的生活，那么白骨精“作”看上去似乎是另一个极端。

这类作男，往往就是花花公子；这类作女，就是豢养一堆“观音兵”的白骨精。他们是情感世界的掠食者、情感套路的发明者，就像是猎豹一样，可以精确地设计一场捕猎。他们可以表现得非常有情感，但一切都是演戏。他们成功地迷倒众生，以情感为食，但在内心世界里他们非常空虚，因为当他们可以玩弄情感的时候，说明他们已经把真实的自我完全隔离掉了。

如果说边缘型“作”们虽然绝望但还在不断地寻求一个稳定的海岸，那么白骨精“作”们则是彻底绝望地放弃了寻求彼岸。在他们高智商的情感犯罪能力之下，是苍白无力的自我。因为他们是通过掠食情感来建立自己的价值感的，根本无法满足亲密感和真实感的需要，无法放下防御，无法坦然投入到任何人的怀抱，脆弱是他们最渴望的，也是他们最恐惧的。

当他们积累了足够多的胜利以后，这样的游戏就越发空虚和无聊，因为狗熊掰玉米棒子是永远无法有真正的收获的，此时他们就会来到一个绝境——“作”无可“作”的世界。

贵族“作”（“作”效：三颗星）

豌豆公主就是此类典型。有一位王子很想和一位公主结婚，但他发现很多来求婚的都是赝品，这天终于来了一位最像是公主的姑娘，晚上她睡在铺了40层垫子的床上，早上她抱怨床太硌，大家发现在40层垫子下有一颗豌豆。

公主“作”就是这个类型的“作”，他们会反复强调自己有多脆弱，反复提出各种严苛的条件，来确保自己是最被宠爱的，否则就翻脸。

比如，微信超过10分钟没回，分手；因为男友跟她说别老看手机，分手；男友没有半夜里给她买煎饼，分手……

他们的游戏规则就是你必须宠着我，必须哄着我。否则就掰。

类似的小王子“作”，则是会嫌弃伴侣做饭不如妈妈做得好吃；觉得自己的妻子不卫生，没有自己妈妈那么洁癖地擦地；孩子出世以后，觉得自己被冷落了，就一个人到外面风流快活，还理直气壮地说：谁让你不理我了？

小公主（小王子）的主要特点就是自恋。可能因为自身条件好，他们一贯自我感觉良好，觉得所有人都必须宠着他们，否则就是莫大的侮辱。在内心层面，他们还是婴儿，生活在妈妈的世界里。他们就是上帝，别人都是满足他们的工具，把他人物化，是他们最突出的特点。

总的来说，他们没有发展出足够好的共情能力，不能理解别人的内心到底发生了什么。

灰姑娘“作”（“作”效：三颗星）

总的来说，灰姑娘们就算是成了皇后，也不相信自己会幸福。他们需要有一个辩护律师告诉自己：你是可爱的，你是会有好下场的，你是不会被人抛弃、被人羞辱、孤老终生的。

所以他们最容易“作”的就是要别人保证是爱自己的。

经典对白如下：

女：“你爱我吗？”

男：（觉得好笑）“这还用说吗？”

女梨花带雨。男哄大半夜，最后还是在淘宝上给她买了件衣服才算“放晴”。

女第二次问：“你爱我吗？”

男马上说：“爱。”

女：“你都没有看着我的眼睛，敷衍！”继续默默流泪。

女第三次问“你爱我吗”，男睁大小眼睛，生怕对方看不到自己目光炯炯、脉脉含情：“爱！”

女：“让我教，你才会，而且就会说一个字，一点儿创意都没有，你对我一点儿也不用心！”

女第四次问“你爱我吗”，男方特意从琼瑶剧里学了大段表白，把自己都快感动哭了。

女幽幽地说："油嘴滑舌，说得这么溜，你有没有跟其他女生说过？现在能对我说，以后呢？"

男恼羞成怒，以后干脆不说了。

女："你看，刚结婚多长时间，你就不再哄我了！"

容嬷嬷"作"（"作"效：两颗星）

见过打小三儿吗？就是此类人等。简单来说就是一个字"撕"。撕破脸皮，撕破关系，一哭二闹三上吊，以疯狂的行动来挽回关系。他们信奉"横的怕愣的，愣的怕不要命的"，用拼命，用"白色恐怖"来控制关系。

比如情侣分手了，就算彼此完全无关系了，其中一方也要用"撕逼"和另一方保持连接，因为发起的一方还有强烈的需要欲望。这种需要是如此不顾后果，因为没有对方就活不下去。

祥林嫂"作"（"作"效：两颗星）

男人出轨了，下跪，自抽耳光。

女人被出轨了，也下跪，苦苦挽留——我改，你让我做什么都可以，不要离开我……把头低到尘埃里，用自虐来让对方内疚，企图挽留关系，其实也是一种恐怖行为。

容嬷嬷"作"是他虐，把恐怖施加于外；而祥林嫂"作"则是将恐怖施加于内。

无论是哪种“作”，其实都是一种控制。当关系进入到控制阶段，那么这种关系实际上已经死亡。警察和罪犯之间不会有爱情，就像是狼和羊之间没有温情一样。

控制的问题在于，我不管你是否愿意，你必须和我在一起，否则我就让你活不下去。

威逼利诱，其实都是一个套路：爱无力。

为什么爱会变成控制呢?

因为所有“作”的人身上都有两个毒咒：

- 外面的世界是不可信的，没有人会爱我。
- 我是不可爱的，我是没希望的，活不下去的。

看过一部叫《香水》的电影。一个小孩被抛弃于市场，被送到孤儿院，从小受尽磨难。一个机缘，他学会了制造特异的香水，这种香水可以让任何人瞬间爱上他。当他打开香水瓶的时候，整个城市的人为他癫狂，人人都匍匐在他身前，甚至连执行死刑的法官和士兵都失去了神智，任他摆布。但此时，他却恍然若失：全世界爱我，只是因为我有这瓶香水，如果我没有香水，我还是一个无人怜惜的死刑犯而已。

这就是“作”的人的痛苦所在，无论他们用什么套路，是蛊惑还是硬上，就算是完全征服了对方，他们也不会相信自己可以得到真爱，因为真爱是不需要控制而得到的。

每个“作”的人都把自己内心的痛苦转移到别人那里，因为他们的“内在小孩”渴望被治愈。

当我们面对“作”的人，可以做什么呢?

1. 以正胜邪

往往在自恋方面有一些问题的人，容易被“作”的人控制。比如小公主（小王子）类型的人，会用可怜巴巴的小孩般的神情看着伴侣说：我是如此脆弱，需要你更多的爱，如果你这么做，我就会很幸福的！这容易让伴侣感觉到一种“拯救者”的蛊惑。被“作”者吸引的人，内心是匮乏的，他们很需要价值感。所以当“作”者不断提要求，不断蛊惑，他们就不知不觉地被吸血了。

白骨精“作”的人可能会更邪恶，他们会使用各种套路给你下蛊，一会儿拒人于千里之外，一会儿楚楚可怜，一会儿风骚放荡、风流倜傥，一会儿温柔体贴、情真意切……总的来说，就是让你做他们的备胎，让你乖乖听话，如果你等不及了，给你仨瓜俩枣安抚安抚你，好继续利用你、剥削你。而容嬷嬷“作”则是用恐怖行为吓唬你，用恐惧来控制你。

这些时候，你一定要抗住，告诉自己：“一切反动派都是纸老虎”，一切狐狸精的爱都是人兽恋，我是有底线的，我的利益是第一位的，无论对方多可怜、多可怕、多蛊惑，我都要以自己的利益为先。

2. 不带敌意的坚决，不带诱惑的深情

“作”的人，他们的内心是小孩，以婴儿居多，而婴儿最大的特点就是没边界。他们会和你共用你，你就是他们的延伸体，这种共生会让你成为他们的甘蔗和口香糖，一次性的消耗品。所以温柔而坚定的拒绝是最重要的。

哪怕因此洪水滔天，这也是你必须要做的。如果你不能严守边界，你的世界就一定会被“作”的癌细胞占据。

我听过最“作”的名言是这样的：真正的爱是在你忍无可忍的时候，还能忍受我。

如果都忍无可忍了，怎么还能忍呢？

这句话的实质就是：“作”无底线。

你一定要破这个魔咒，坚决地说：“我不是你妈。我救不了你。我也不是你的迫害者。我不和你玩拯救者→迫害者→受害者的游戏。反正我不是你的拯救者，就是你的迫害者，如果你坚持按照这个游戏玩，那我既做不了你的拯救者，也不愿意委屈担着这个迫害者的帽子。如果你不能收收，那么我们的关系只能结束。”

3. 好好反省

我们要有这样的反思：我为什么无法和一个“作”的人分手呢？是不是说明我也是很“作”的人呢？

如果你和一个很“作”的人难分难解，这说明对方可能是你无法接受的自我阴影。

如果你发现很难提出自己的要求，可能就会和一个非常善于提出自己的要求，甚至是不合理要求的人纠缠不清。因为对方在替你表达你无法表达的需求，对方也在教你如何表达你的需求。

你要问问自己：为什么我不能真实地表达自己的需求，我为什么在关系中总是牺牲？我为什么不能捍卫自己的权益？我到底害怕什么？如果我不害怕，我需要什么来支持我？

如果你能做到这些，你就可以从这些伤害你的人身上得到最美好的礼物——成长。

*

婚姻最大的秘诀：学会正确地“咬人”

我不只是爱你的面具，还爱面具背后的你；我不只是爱现在的你，还爱过去的你。

脾气对我来说，是一种神龙见首不见尾的东西。每次来的时候，都是猝不及防，让我内耗严重。比如一辆不守规矩的车并线，或者微信群主把我踢出群，又或者来访者对我的一次贬低，说我还不如某某好……

后来我发现，关于发脾气，有两种方式：

- 就像放屁一次全放完，感觉很清爽。
- 就像只放一半屁，留一半在肚子里，来回拉锯，肠子痛苦。

虽然这种比喻不雅，却很贴切。前者是清爽派，后者是纠结派，我可能属于后者。清爽派，永远无法理解纠结派的痛苦。很多婚姻到了最后算总账的时候，其中一方会非常惊诧地说：这都是我多年前放的一个屁了，你咀嚼到今天？如果你有屁，为什么不快放？

他们无法理解，一个人为什么有屁不放要憋着。

好，我的攻击性释放到此结束。

攻击性是什么？

如何理解我们的攻击性？让我们来设想这样两种人生。

一种是鼓励攻击的人生。

从前，有个女孩叫仙人掌，在她的家族里，是没有“温、良、恭、俭、让”这样的词汇的。在幼儿园被小朋友欺负了，爸爸给正哭着找妈妈的她一个嘴巴：你比她还高，为什么会被她打倒？

第二天，她放翻了那个小朋友，爸爸和对方家长打成一团。晚上爸爸骄傲地举起她说：我们家没有“吃亏”二字！

另一种是反对攻击的人生。

从前，有个男孩叫小肉球，他小时候最痛苦的就是回家。只要到了他家楼下，隔着十几层就能听到父母无休止的争吵、互殴、摔盆砸碗、哭爹喊娘，他恨不得自己不存在。从此他立下宏愿：长大以后我一定离开这个火坑，找到一个没有战争和硝烟的伊甸园！

在鼓励攻击的环境中，攻击被理想化为一种自保或强大的象征；在反对攻击的环境中，攻击被贬低为一种有伤自尊和毁灭性的象征。

攻击背后的恐惧是什么？

一个朋友，她从小就拔尖，要做老大，因为长得漂亮，深受家里所有人的宠爱。有一次，邻居家小男孩到她家做客，一时众星捧月，她被冷落了，气不过，就找了个岔子，给了那男孩一个嘴巴。

这个梗一直成为每次家族聚会的笑谈。

大家的结论是：这孩子，气性好大。

这无形中也塑造了一种家庭的神话：攻击有理，攻击万岁！

其实，她通过攻击回避了一个问题：万一我不是众星捧月，那可怎么办啊？

她根本没有机会体验被冷落的恐惧，但这种恐惧对她是有意义的，因为这个世界不是以她为中心旋转的。

这个问题会成为她人生中的不定时炸弹，她越长大，这个问题对她的影响就越大。直到婚姻出现问题，事业遭到打击，她从一帆风顺的人生路上狠狠跌下悬崖，才会傻眼：为什么你们不继续捧我了？

此时，她才会和自己无形中一直在逃避的问题迎头相遇：当没有人再那么捧我的时候，我该如何继续自己的人生？

她才会开始发现，有时站得高，不一定看得远，还意味着会摔得更惨。

她才知道，以前一直都被她当成橡皮泥捏的丈夫，其实心里对她已经积攒了一肚子的小黑账了，而出轨，往往是这个不敢攻击的男人给她最响亮的耳光。

人生无处不攻击。

对这个丈夫来说，攻击会让他有两种恐惧，一种是被对方毁灭，一种是毁灭对方。

他见识过爸爸是如何用皮带打妈妈的，从此他就很恐惧任何程度的攻击。因为他既害怕自己成为疯狂的野蛮人，也害怕成为在皮带之下还不知死活恶语相向的人。

他无法理解为什么爸爸可以下那么狠的手，也无法理解妈妈为什么在这样的打击下还能不知死活地破口大骂。

说到这里，我们就知道了攻击背后的两种恐惧：一种是不攻击，我会死；一种是攻击，我会死。因为这样的恐惧，我们就会在亲密关系中不断上演攻击的游戏。

攻击者最大的痛苦是没有对手，所以很多攻击者容易被反攻击者用被动攻击击倒。比如，我不能和你对骂，但我可以不回你电话；如果一定要回你电话，我可以拖很长时间再回；如果一定要很快回你电话，我可以说话不算话，我说早回家，却半夜回来，我说要照顾孩子，可是忽然告诉你我要加班……

所以，在某种程度上，人生无处不攻击，我们就是表达攻击的容器而已。

如果你不正面攻击，你就用被动的方式攻击。

如果你不攻击老公，你可以攻击孩子。

如果你不能用责骂攻击对方，你可以用语重心长的方式释放焦虑攻击对方。

如果你实在无法攻击对方，你可以攻击自己啊，让自己的身体变差！

孩子对父母最大的攻击，就是让自己过得非常不顺，非常悲惨。如果你的人生过得很惨，你对父母一定有很大的敌意。

爱与恨的天平，如何平衡?

攻击，其实就是爱的硬币反面，最大的恨，是粉转路。都是路人了，也就没有恩怨了，没有恩怨了，也就没有故事了，没有故事了，你于我就是尘埃，就是空气。这是最大的攻击。

事实上，我攻击你是因为我对你有欲望，有需要。到底攻击到什么程度才能刚刚好？是会毁掉你呢还是让你注意到我？

如果不相信攻击可以让关系和自己幸存，我们会隐藏起我们的攻击，让攻击变成一种暗流，而这种暗流会悄然消耗我们的情感账户。

如果相信攻击可以让关系和自己幸存，我们的攻击会无法停止，最终亲密会成为一种无法实现的暗流，而这种无法实现也会让我们的情感账户慢慢变得干涸。

所以，大多数的人生问题都是要回答这样的问题："我要爱你多少"和"我要恨你多少"。爱太多，就会让关系压抑太多的矛盾，变得日益虚假。恨太多，就会让关系压抑了太多的脆弱，变得日益粗糙。

能搞清楚爱恨之间的度，就能好好过日子，如果爱恨之间失衡，日子就会日益凋零，没法过了。

什么是最佳尺度？

这没法回答，就像是问什么样的做爱才是最完美的做爱。有的人希望温柔一些，细腻一些。有人希望野蛮一些，疯狂一些。但这一切的前提在于我们都要对彼此的"G 点"了然于心，这个 G 点就是我们攻击背后的焦虑。

无法释放这个焦虑，关系就会走向空心化。大铁棒和绣花针的相遇不是没有道理，大铁棒要学会绣花针的温柔相对，绣花针要学会大铁棒的无所畏惧。

当我们开始诉说彼此是如何“长大”的，我们人生的那些最核心的恐惧和焦虑的时候，爱才不再只是一个平面，而变得立体了。我不只是爱你的面具，还爱面具背后的你；我不只是爱现在的你，还爱过去的你。

这样，我们才能明白，如此强大的、无所不攻击的你，其实是一个害怕没有了软猬甲就一无所有的小女孩。你也才能明白，如此温和的、要温暖所有人的你，其实是一个害怕自己的愤怒会毁灭世界的人。

《神奇动物在哪里》中，那个长期被母亲虐待、具有魔法师特质的小男孩，最后将内心的愤怒爆发出来。如果你看了这个可怕的场景，就会深刻了解到，什么叫作蔫人出大事。

但是，不管愤怒有多强大，所有的愤怒都害怕倾听，所有的愤怒都不过是没有被倾听的眼泪而已。

每个人在某种程度上都是被特别训练的“魔法师”，但是，其实每个人都有一颗“麻瓜”的心——每种特殊的才能背后，都藏着没有被化解的痛苦。

电影最后，一场掺杂着遗忘药水的大雨，让看到魔法师的“麻瓜”们忘记了发生的一切。这其实是一种隐喻：我们不一定要遗忘过去，但我们需要雨水的滋养。我们每个人，都需要一场哭泣。

我们每个人，可能都有一个不能哭泣的过去，都有一个无法放下的过去，都有一个未曾被阳光照到的地方，都是未曾被倾听和被认可的小孩。

我们越长大越会发现，这么多年，我们一直都遗忘了这个小孩，我们越是忘记，就越会让我们的人生走向偏斜，我们会成为攻击的受害者，和被攻击的受害者。这个世界真正的和平，来自我们与往事的和解，与伤害的温存。

仙人掌知道：不攻击，她不会死；没有那么多掌声，她也可以存活；没有他人的照顾，她也可以得到一个人的幸福。

小肉球知道：攻击了，伴侣不会死，他也不会被伴侣的反击杀死。相反，他的攻击可以赢得别人的尊重，可以让他人理解他的立场。

在咨询室里，我看到了太多这样的反转人生。我们从未知晓，人生还可以这样放松地活。

有人从未体验过，还可以用这样的姿势获得幸福。而一旦体验到，我们就开始走出创伤的世界，了解到现实的尺寸。一旦体验到，我们才有了真正的沟通，而非我们和幻想世界的角色对白。

我们才明白，真实是多么的可怕，也是多么的可爱。

*

为什么女人在婚姻中活得这么累

每一个拼命努力的人，都可能曾生活在一片死寂之中，为了存活，必须让自己兴奋地战斗下去。

一个朋友，我管她叫奇迹。说一下她平时的行程。

她是一家跨国公司的中华区总裁，兼三个孩子的妈妈。

深夜，朋友圈里她晒了一张从美国回中国的照片。第二天早上 7 点开始晒她给小女儿亲自做的蛋糕，中午和丈夫约谈如何断掉他纠缠不清的前女友事宜，晚上和闺密死党们一起 happy 到深夜。第三天开始长达 8 个小时的谈判……

见过马戏团玩杂耍的吗？把很多盘子、碗扔来扔去，完好无损地落在手中。

“你是怎么做到的？”

她说：“我没告诉你，我在机场的洗手间里哇哇吐，也没告诉你，回到家第一件事就是给女儿做蛋糕，烤箱坏掉，临时跑到闺密家，凌晨3点才做好蛋糕，回到家的时候，已经6点了。”

然后她喝了三杯咖啡，告诉自己不要看手机里她保存的老公和小三儿的暧昧微信截图，她必须给女儿一个很开心的妈妈的形象。甚至在和老公谈判的时候，她也必须沉着冷静，见招拆招。

和闺密在一起，她根本不敢说这些破事，因为大家是为了给一个姑娘商量筹办婚礼的事宜的，她怎么能这么扫兴呢？

“我没有地方可以去。”她说。

——家？要应付三个正在撒欢儿年龄的孩子。

——公司？一堆下属等着她运筹帷幄。

——朋友？她怎么告诉大家，大家心中的金童玉女，现在已经如此不堪？

对她来说，唯一安全的就是地下停车场。她可以在车里放声大哭。

“是的，也许我的确可以叫奇迹。但是，我有时候想，这么过有意思吗？我是说我的人生。”她说。

她发现自己其实没有家，连个可以卸妆的地方都没有，只有无穷尽地演出，生命就像无法停下来的红舞鞋的游戏，只有锯断腿，才算是曲终人散。

为了挽救丈夫，她看了很多书，甚至做了很长时间的心理咨询，她一次次地努力尝试，但丈夫就是不离、不断。

她问我：“为什么我这么努力，却越来越累，为什么我越努力，生活对我来说越艰难？”

我问她：“你为什么这么努力？”

她说："因为我渴望美好的生活呀！"

"那又是什么让你这么想要美好的生活呢？如果你不那么努力，如果你甘于不那么美好的生活呢？如果你不给女儿做蛋糕，不进行8个小时的马拉松谈判，不去跟你的闺密们策划婚礼，你想干什么？"

"我想要在一个无人的寺庙里静静地待上一天，什么人都不见，什么事都不做，什么东西都不想。"

"为什么不呢？为什么这样的画面没有出现在你的生活中呢？"

她忽然泪流满面。

她想起了小时候，妈妈永远都是面带惨容地在家里躺着，而自己则必须像个穿梭的花蝴蝶，才能让同样压抑的爸爸开心起来。她必须防止自己进入那个死气沉沉的世界，必须不停地搅和，她害怕那种死亡的感觉。

每一个拼命努力的人，都可能曾生活在一片死寂之中，为了存活，必须让自己兴奋地战斗下去。生命对他们来说，不挣扎，就会死。他们甚至会把休息本身也看成死亡。如果她无法消化如同植物人的妈妈和压抑的爸爸给她带来的伤害，那么她是根本无法接受自己可以停下来的。

你为什么这么不努力

有一种姿势叫作"北京瘫"；有一种人生叫作内耗。

前一个故事的女主是外耗，把大部分的力气都用在外面。

后一个要出场的女主是内耗，把所有的力气都用在里面。

比如，她会觉得工作实在太难了，职场上的宫斗戏让她真的很无语，她被弄得很孤立，也很难受。

辞职吧，朋友会说："这么好的工作，你脑子有病啊。"

妈妈会说："你就别作了，女人重要的不是工作，是家庭。"

老公会说："你这叫作退缩、逃避，有人的地方就有江湖，你能逃到哪里去？"

她犹豫了。

然后，孩子就生出来了。

她的难题更多了，年纪也大了，孩子出生头几年很重要，应该努力照顾好孩子。她又想奔奔事业，可是要去做什么呢？如果就这么混吃等死，她也不知道到老了会不会有后悔的一天。

她的人生好像在一团蛛丝里，她就像是在浅水滩里的鱼，有上口气就没了下口气。

我说："世界这么大，为什么不出去走一走？"

她苦笑："万一外面有狼外婆怎么办？"

我说："人生就这样。"

她说："我的人生就像是一直在病床上生活一样，总是有气无力，怎么办好？"

我说："你是被吓大的吗？怎么会有这么多的害怕？"

说到这里，她想到了她妈妈那双焦虑的大眼睛，多瘆人啊。

"这双眼睛对你有什么影响？"我问。

"每当我面临人生的选择时，这双眼睛总是会出现在我面前。然后我就缴械投降了——我感觉到沉重、压抑和无力。"她说。

所以她一大学毕业，就赶快结婚，因为不想回到那个闷罐子一样的世界，有一个一回家就和妈妈吵得天翻地覆的爸爸和一个天天拿着充满泪水的大眼睛看着她的妈妈。可是，现在她觉得自己依然没有离开那个冰火两重天一样的世界。

她终于找了一个非常有存在感的老公，可老公的存在感都体现在各种“作”上，她离开了火坑，却又来到了蛤蟆坑，她想要的生活，依然遥遥无期。

人生说来说去就是两件事：追逐和逃避

有时候，追逐就是逃避，逃避就是追逐。就像外耗其实就是内耗，内耗其实也是外耗一样，说到底，我们都是卡在创伤世界里的人。

人生的幸福，不取决于我们的长板，而取决于我们的短板。虽然我们因为先天的原因可以练就一身的偏门绝技，比如人生如红舞鞋游戏的女超人，她的绝技就是什么都是“我来做主”，但她自己却没有人做主。比如人生如“北京瘫”的女主，她的绝技就是什么都是“你来做主”，但她自己依然没有办法做主。

那怎么办？

如果车没油了，你该怎么办？加油啊。

一个很累的女人，她需要外面的油，更需要内在的油。

她们都说，感觉不到自己有家。

家是什么？家是可以解甲归田、宽衣解带的地方。家是休养生息、安静总结的地方。

如果她们的人生如战场，生活如丛林，没有地方可以栖息，没有地方可以安放自己，又何谈可以重新开始呢？

什么时候，可以安心呢？

几乎所有人都会告诉我：

- 当有人可以理解我的时候。
- 当我不用担心会被评判的时候。
- 当有人发现我的美、欣赏我的独特的时候。
- 当我发现这件事其实不是事儿的时候。
- 当我发现这件事其实是有道理可循的时候。
- 当我了解有人知道怎么办的时候。

前三者叫作妈妈的爱，后三者叫作爸爸的爱。妈妈的爱，帮你加满油，让你安心；爸爸的爱，帮你修好车，让你放心。

世界上所有的累，都和无家可归有关，都和没有人帮我们加油有关，都和没有人帮我们修车有关。我们去找加油站和修车工，但他们反而来找我们加油、修车，比如我们的丈夫、我们的父母，我们的朋友们。结果这个世界上充满了需要加油的车和需要维修的车，却没有加油站和修车工可以让我们启程。我们只好用尽全力推着车前行，甚至还要推开那些求着我们推车的手，生命就此陷入无止境的累当中。

为什么他们让我们这么努力

在这个世界上，男人只要在外面赚钱，就算是给家里加油了。家里的一切需要，就要从女人的油库里抽取。

问题是，女人现在也在外面赚钱了，未必比男人赚得少，凭什么还要独自承担家里的工作呢？也许，这个时代是女人心最累的时代，既要到外面工作，又要负责家里的工作。

男人，还没有调整好心态接受已经有了人权的女人；女人，也似乎不清楚该如何跟男人谈判。

牺牲是一种美德，这种美德几乎深深烙印在了女人的细胞基因中。

有朋友是做 HR 的，她每年都会收到女员工的辞职信，很多都是非常优秀的，因为孩子，没办法，才要辞职做专职妈妈。

女人能不能不牺牲呢？很难。

因为从小，女人就会被教导要温、良、恭、俭、让，要学会协调和配合，学会认同彼此，学会甘居下位，学会不要争强好胜，这就是一个追求不断袒露脆弱，忌讳展示强大的体系。

两个闺密可以越谈越泪水涟涟，因为她们很享受这种脆弱的快感。但很少见两个大男人抱头痛哭。男人喜欢谈的话题：游戏、足球、政治，永远和内心没有关系，因为他们受到的教育是做战士，不要叽叽歪歪。

如果两个没有多少阅历的男女进入长期关系，就会进入到失衡的世界：男人会认为女人的“连环夺命 call”是在跟他战斗，而女人则会认为我都跟你掏心挖肺了，你为什么还对我冷若冰霜？

当我们被困入追逐和逃避的牢笼，以及单一思维的泥沼——男人想把女人变成男人，女人想把男人变成女人——我们的生活一定会陷入无止境的耗竭之中。

想不累？

很简单，先停下来。

观察才有选择，然后寻找哪里有可以让你安歇的地方、学习的地方和需要理解的地方，你的人生才会有出路。

就像是一个段子：如果唐僧不上路，就不会遇到孙悟空，就不会遇到猪八戒，就不会遇到沙和尚。没有这些遇见，唐僧不会走到西天。

只要你开始走不同的路，就会有遇见，遇见多了，也就长大了。

愿我们可以成为陪着你上路的人。

*

我不想给你安全感，只想教你无所畏惧

很多人都问我：我该怎么办？我的回答是：我不知道。

你有过想死的时候吗？站在窗口或天桥上，晴空万里，白云朵朵，就是这个时刻，也许可以结束一切。

如果一个人连死都不怕，他怕的是什么？

有人怕脑子里不断奔涌的各种思想，就像是烧开水的水壶一样，几乎要爆炸了。

有人怕无人区的荒凉，就算是在人潮汹涌的街道上，也觉得自己像一个鬼影，和这个世界无关。

有人如置身黑暗的丛林，四处都是绿幽幽的眼睛，不知道从哪里会有猛兽袭来……

有人怕回忆，那么美好的岁月，现在洒落一地，如秋风扫落叶，雨打纷飞去，一切都不复存在……

有人如来到外星球，前一秒还在被窝里，后一秒天翻地覆，如置身永恒的噩梦中。

有人痛苦于无法感觉到自己，有人痛苦于太多的痛苦如癌细胞在自己每一寸肌肤、骨骼中蔓延……

如是，结束生命，也许可以让他不用浸泡在福尔马林液体中做永远痛苦的标本。

我的咨询室，就是见证各种黑暗时刻的所在。很多人来到这里，都会把外表的光鲜褪去，把赤裸裸的痛苦暴露出来，不需要雄黄酒，所有妖精们都会现出真身。

生命很短，短到我们来不及完成欢愉；人生很长，长到我们必须要拿起手机“杀时间”。如果让你放下手机，来到孤岛，该如何面对漫漫长夜？

每个人来到咨询室都有一肚子话要说，有一脑袋的问题要问，有那么多的问题要解决。但是真正的问题，都在这些问题之后。

什么时候真正的问题才会出来呢？当我们无言以对的时候，当我们已经不再想要挣扎着活下去的时候，当我们已经不再自欺欺人的时候，当我们不再用惯常的问题掩盖真正的问题的时候。

在这样的时刻，几乎所有人都在问一个问题：我活着，到底是为了什么？到底什么可以支撑我活下去？

家贫、母弱、父凶，一个男孩从小的梦想是要成为强大的男人、爱自己妻子的男人；家富、母强、父弱，一个男孩从小的梦想是要成为随心所欲生活的男人，自由自在，不受任何人操控。

从小在寄养家庭中流浪的女孩，渴望的是长大后可以一世相拥；总是在争吵中长大的女孩，希望的是有个暖男来救她出火坑。

创伤的意义，在于它给予了我们梦想和活下去的动力。

我们的前半生要么忙着认同弱者，希望可以有一个世界让我们尽情地弱小下去；要么忙着认同强者，希望从此不会有任何人可以打败自己。前者是希望有一个永恒的母亲，活在她的怀抱里，万事无忧；后者是希望有一个永恒的父亲，战无不胜。

往往后半生，就是我们的破灭期。

此时，你会发现遇人不淑，错跟了老板，明白人性黑暗。你会发现，努力之后，一切都成为泡影。你成为世界上最大冤案里的最惨受害者，而其他人都是幸福的；或者这个世界就是一个大火坑，你没处逃。

你见过所谓的优秀男人，骨子里都是烂到家的德行，而所谓平庸的男人，又是乏味到家；或者你奋斗到一定时候，发现了无形的玻璃天花板，也许你一辈子就到这里了；更不用说各种背叛，各种出卖，各种奇葩剧情。

于是“三个朋友”来到了你身边：无助感、无力感和无望感。无论你跑得多快，跑得多远，在生命中，你总是要和他们不期而遇。

很多人都问我：我该怎么办？

我的回答是：我不知道。

他们说：你是咨询师，你见过那么多人，怎么会不知道怎么办呢？那我付这么多咨询费给你有什么意义呢？难道是要你告诉我你也不知道怎么办吗？你这不是骗子吗？

我说：到底我是骗子，还是你是骗子？

他们说：我骗了谁？

我说：你骗了你自己。

我接着说：我曾看过一只甲虫，在墙上遇到一个障碍物，每次爬到那里都会掉下去，它努力了一上午。另外一只甲虫却轻松地绕过那个障碍物，只用了几十秒。为什么前面那只甲虫不会绕行？在它短促的生命中，一上午已经够漫长了。

他们说：因为它笨啊。

我说：它不笨，它很聪明，它要不断地骗自己“我一定能爬过这个坎，一定能”。为什么它要这么骗自己？因为放弃对它来说是一件非常可怕的事情。

如果一个人在生命的重要关头被别人放弃过，因此造成了创伤，他就会成为不能放弃的人。

电影《海上钢琴师》，讲的是一个弃婴，在游轮上长大，他一生都没有离开过游轮，甚至到了游轮要被炸毁的时候，他依然坚持与船同沉。

他爱上了一个姑娘，想到外面的世界去找她，但走到船梯 2/3 处，他停了下来，久久地看着外面的繁华世界，最后他还是转身回到了那永远的“子宫”之中。

他傻吗？不是，他内在的资源只够他走到船梯的 2/3 处，再往前走一步，他就弹尽粮绝了。

人生最黑暗的时刻，拼的就是两个声音：一个是自我安抚的声音，一个是自我指引的声音。

1942 年弗兰克被纳粹投入集中营的时候，他不知道未来会发生什么，仅仅因为他是犹太人，他的一切就要被剥夺。

地狱不再是一个象征，变成了现实。你不再拥有任何人的权利。无尽的苦役和虐待，变质而短缺的食物与蔓延的传染病，你甚至不再有名字，只有一个编号。这个时候，你需要问问自己：这样的生活还会继续多久？我还能坚持多久？明天我会病死还是累死，或者干脆被随意地枪毙？

在如此黑暗的岁月里，会出现三类人：一种是沉浸在抑郁或焦虑的情绪旋涡中，很快被残酷的生活淘汰；一种是封闭自己所有的感知器官，成为精神上的死人，这样的人也会被淘汰，因为他们也脱离了现实；一种则可以清醒而灵活地活着。

想要清醒而灵活地活着，你需要有两种能力：一是对苦役的忍受力，二是努力适应非人环境，并和决定你生死的主宰者保持良性关系的能力。因为一念之差，你就会被送到煤气室。

这时候，你不仅需要有足够的情绪感知能力，运用你的情绪能力影响周围的环境，还需要有超强的容纳自己和他人情绪的能力。换句话说，你的内存要超强，才能代谢如此艰苦的环境。

弗兰克做到了，他用了两个方法：

• 给自己足够母性的安抚：他每天休息的时候，会想象自己和妻子在一起的时光，这是他难得放松的时光。

• 给自己强大父性的支持：他告诉自己，无论自己如何被剥夺，唯一无法被剥夺的就是他对这个世界的态度。无论他多么不自由，他的内在可以是自由的，这个世界就没有什么可以束缚他。

前者给了他安全感，后者给了他掌控感。

当一个人能够自我安抚，有了掌控感，他就是不可战胜的。

话说回来，为什么会有被家暴的女人十几年都无法离开施虐的男人？为什么一个男人反复出轨，对一个女人长期冷暴力，她却无法离婚？为什么他总是忍受老板的侮辱，却一直不辞职离开，哪怕所有人都看到他有足够的能力开创自己的事业？为什么有那么多人过着其实不值得他们过的生活？

因为，对他们来说，缺少的就是这两点：安全感和掌控感。

为什么一个女人受了那么多创伤和背叛，却不能离开自己的婚姻？因为当年他追她的时候，给了她 3 个月美好贴心的照顾，这 3 个月成为她人生的高光时刻，为此她可以付出 13 年，甚至 30 年的代价。

她无法相信，离开了这个男人，是否还能拥有这样的时刻——她不相信这样的温暖可以再次发生、再次拥有，而且可以由她来掌控。

她太缺乏资源了，她内在的燃料太少了，不能像弗兰克一样，在完全断绝了外在的供应以后依然可以自我供给。

如何从黑暗中走出来？

有次我问来访者一个问题：“当你挫败的时候、痛苦的时候、失落的时候，你听到了什么？”

她说：“什么都没有啊。”

我说：“再细听听，是什么让你那么痛苦？”

她的泪水慢慢盈眶：“我觉得自己很差。”

我说：“‘我’是谁？你有两个‘我’，一个是觉得自己很差的‘我’，一个是很差的‘我’，这两个‘我’是谁？”

她说：“一个像是我的妈妈，一个像 7 岁时候的我。”

我说：“每到黑暗的时刻，你的妈妈就用指责你的方式陪伴你吗？”

她说："是的，我很伤心，在我最需要安抚的时候，她总会用刀子剥开我的心。"

我说："是的，其实痛苦也是一种陪伴，好过什么都没有。"

一种是永恒的孤独，一种是被人指责，这两种痛苦你会选择哪种？很多人宁可选择后者，因为前者基本就是一种死亡。我们是需要客体的，是需要别人的陪伴的，哪怕是一个可怕的会伤害我们的人。

不过这种陪伴的代价往往会让我们流更多的血。所以，你是否黑暗中的幸存者，不仅取决于你正在面对的艰苦，更取决于你从父母那里学到了什么：是学会了往伤口上再扎一刀，还是给它敷药？

学会了前者，你的生命力就会慢慢衰竭下去。学会了后者，你就能坚持到走出隧道的那一刻。那些来到咨询室寻求帮助的人，大多在前者和后者之间。有些人就这样慢慢地走出去了，有些人则成为徘徊在黑暗中的幽灵。

有来访者对我说："谢谢你，在我最黑暗的时候接纳了我，没有你的帮助我很难走出这段岁月。""谢谢你，在我最迷惑的时候给我一条路，让我看清了自己和这个世界。"

是的，也许我们可拥有这样过渡的中转站，在踏上下一列列车之前。

小时候我很怕死，因为我很害怕黑暗。直到有一天我忽然想到，也许黑暗没有那么可怕，也许死没有那么可怕，也许老了的那一天，我可以平静或欣喜地等待它的到来。

当内在真正自由的时候，就是内在精神火焰可以永远燃烧下去的时候，我们可以免于无尽的恐惧，和这个世界和解。

C H A P T E R

3

第三章

/

出轨有解药吗

*

*

婚外情的本质是什么

当双方的需求不匹配的时候，婚姻这笔买卖就开始失衡了。

婚外情的本质是什么？

关于出轨，有一组来自美联社的数据，的确很惊人：

•在一生所有的亲密关系中，至少出轨过一次的男性和女性都超过 50%。

•41% 的已婚伴侣中，有一方或双方承认有过身体或精神出轨。

•22% 的已婚男性婚后至少出轨过一次，14% 的已婚女性婚后至少出轨过一次。

•同事是出轨的高频对象（14% 的已婚男女和同事有过性关系）；出差则是出轨的好时机（35% 的已婚男女承认在出差时有过外遇）。

•假如可以永远不被发现，有 74% 的男性表示一定会出轨，68% 的女性表示一定会出轨。

•一段婚外情的平均持续时间是两年。

• 当然，也有一个值得深思的数据：在婚外情被戳破之后，有 31% 的婚姻持续了下来。

需要不断变化，婚姻是有“有效期”的

看了上面的数据，你大概会有唏嘘之感。

我是做婚姻咨询的，我的案例中几乎有 90% 都和婚外情有关。我经常被问的一个问题是：为什么现在婚外情的人这么多？为什么人非要婚外情不可呢？

我往往会回问一句：那么人为什么要结婚呢？

提问的人往往会这样回答：

• 因为年龄恐慌而婚。我也不知道，我妈逼得紧了，我年龄也越来越大了，我一着急就赶紧找了个差不多的嫁了。否则，我不就是老姑娘了吗？

• 因为快乐和好玩而婚。和他在一起太有趣了。

• 因为物质需求而婚。他很有钱啊，有房有车，我可以少奋斗十年，可以拥有很丰厚的物质基础。

• 因为安全感的需要而婚。有他在，我晚上不用害怕有人破门而入了；有他在，我的工作有麻烦可以找他帮忙。

• 因为归属感而婚。我想有个家，一个不需要太大的地方，这么大的城市有一扇为我敞开的窗户，使我感觉到自己不是孤单飘零的人。

• 因为自尊的需要而婚。有了这样高富帅的老公，我可以在朋友圈成为女王，让我的那些小姐妹们羡慕到吐血！

• 因为精神需求而婚。我希望有一个人可以和我心灵相通，成为真正的灵魂伴侣，一起面对生命的种种脆弱，完成一生的修炼。

这么多的回答，简单说就是：需要。**人是因为各种各样的需要进入婚姻的。**

需要，是有“有效期”的。需要有产生的一天，也有消灭的一天；有满足的一天，也有缺失的一天；有存在的一天，也会有变化的一天。

既然需要在变化中，也就像凤梨罐头一样，始终有过期的一天。

比如，一个糊里糊涂被妈妈逼进婚姻的女人，发现婚姻虽然给她一种“正常人”的感觉，代价却是充满了痛苦的争吵和压抑的憎恨。

比如，两个过家家玩得很开心的伴侣，进入婚姻后，发现婚姻这个游戏实在难度太大了，两个人都陷入迷茫。

比如，当因为安全感而进入婚姻的人，发现虽然对方给了自己很多安全感，但是根本不解风情，和养一条会赚钱的狗没有什么区别，而且这条狗还会咬人。

比如，一个男人虽然给了女人一个家，但除了她作为已婚女人的名分和他作为丈夫的身份以外，这个女人和一个寡妇没有什么区别。

比如，一个女人虽然有光鲜的外表，但大家渐渐发现，她的朋友圈里炫耀的都是她的包包、孩子和自己，丈夫去哪了？

需求失衡，婚姻也就遇到了危机

婚姻就是一头狼，你喂饱了它，它会冲你摇尾巴，像狗一样忠诚；

你喂不饱它，它不会跟你客气，反过来会吃你。

当双方的需求不匹配的时候，婚姻这笔买卖就开始失衡了。

什么是买卖？

四个字：讨价还价。

什么时候买卖可以做成呢？

大家都觉得划算的时候。

买卖就是能量守恒，谁也别占谁便宜。这个世界上最公平的就是买卖。

那么不公平的是什么？强买强卖，偷盗窃取。这些都是占便宜。

人和人的关系也是如此，就是两种：一种是买卖，在游戏规则之下进行的能量交换；一种是偷盗窃取，欺行霸市，是不讲游戏规则进行的剥削和剥夺。

这个世界上看上去最不公平的买卖就是婴儿和妈妈的关系，妈妈好像是纯粹的付出，婴儿好像是纯粹的享受，但其实婴儿也有代价，比如自己的身家性命都托付给妈妈了。

任何事情都有代价，都是需要能量的平衡的。

当我们在情感中遇到需求不平衡的时候，会怎样呢？

卖酒的，为了拼业绩，就往酒里面倒水，更有甚之，干脆往乙醇里面灌水，这样做的好处是在最短的时间里赚最多的钱，而且成本貌似最小。但时间长了，你的声誉差了，最终大家都会远离你。

因为你生于斯长于斯，你和周围人的关系是盘根错节地联系在一起的，打断腿也连着筋。在熟人社会里，为蝇头小利而丧失人品，那成本太大了。

但在一个陌生人社会里，你可以打一枪换一个地方，赚了钱就跑。

婚外情，也是想要到陌生社会去满足需求的一个呈现。

一对夫妻，男人总是给女人无微不至的照顾，女人也很享受这种照顾。但慢慢地，男人想要得到女人母性般的关怀，不想老是在关系中扮演“爸爸”。而女人当“女儿”还没当够，不愿意承担成人的角色，更不愿意承担母性的角色。他们的核心需要已经无法匹配了。

我们该如何面对这种需求冲突？

也许大多数人会说，解决问题的药方就是两个字：“忍”和“转”。

是的，女人往往会“忍”，她们努力的方向就是放下。放下什么？放下自我，放下欲望，放下婚姻，融入天地，随便老公怎么出轨好了，心想，“我连性欲都可以舍弃，连情感都可以不要，你出轨又能奈我何？”

“转”往往是男人的套路。婚后，男人一方面想要得到女人母性般的关怀，希望女人像妈妈一样关心他这个孩子。但同时男人还想到外面冒险，他害怕退化成为婴儿，于是他想要突破，婚外情能让他感觉自己是个男人。

但是很不幸，小三儿也会被他慢慢变成另一个妈。于是，他很可能会再次寻求另一个成为男人的机会。

“忍”和“转”都不是迎难而上，都不是解决需要的满足，而是试图消除自己的需要或者将自己的需要外包。

就像一个人饿了，你跟他说，冬眠吧，降低新陈代谢就不饿了。冬眠虽然降低了新陈代谢，可是总有惊蛰吧，难道要永远睡去吗？或者你跟他说，赶紧喝凉水吧，把肚子撑满了，就不饿了。可是水总要排泄出来的，然后呢？

我们不知道如何在需求冲突中找到合作的可能。

当我们的需求无法平衡的时候，我们想到的首先是毁灭而非合作，是上纲上线的战争，而非坐下来一起探索更好的发展空间。

比如一对夫妻，他们都用孩子或者父母的视角看待冲突。

孩子的视角是：你为什么不给我？

父母的视角是：我凭什么要给你？

孩子说：我很惨啊，我很饿啊，你不给我，你就是恶魔妈妈。

父母说：我很累啊，我很饿啊，我再给你，你就是恶魔孩子。

其实双方都是一丘之貉，因为他们不敢离开这样的母婴世界。

母婴世界就是：我对你很重要，你对我也很重要。但这样的境界，随着孩子慢慢长大，终有一天会破灭。那时候我们会发现，你对我并没有那么重要，我对你也并没有那么重要。这就意味着我们要开始面对分离和丧失。

很多婚外恋中被抛弃的一方说：你为什么不离婚以后再谈恋爱？为什么要脚踩两只船？

我看到，太多的出轨者恐惧自己的欲望会毁灭自己的家族，会毁灭自己的父母、丈夫、妻子和孩子。他们把自己的欲望看成是毁灭自己世界的敌人，可是他们最终还是被其征服。

被出轨者发现：离开这个婚姻和家庭，自己就像没有躯壳的蜗牛，或者皮肤溃烂的烧伤者，或者离开地球的人类，在无声的世界，如陨石一样飘行，无法确定自己在精神层面可以活下去。

那么，真正的方案是什么呢？

还是文中的那对夫妻，也许在他们的关系还没有走到破裂的时候，男人可以跟女人说：

我的确有想离开你的愿望，因为我现在对情感的需要已经改变了。我以前很享受为你服务的快乐，因为这种服务让我感觉到自己有价值、被需要。在我过去的成长经历中，一直觉得自己是家里的累赘，父母以养我为苦，我很痛恨不被需要的感觉。

我发现，我为你的付出，其实是想要挽救我的痛苦——我是没有人要的，我希望我变得很重要。

但是现在我不再需要弥补这种痛苦了。我想我真正缺少的是一个成熟女人对我的平等的理解，在我痛苦的时候，有一个女人可以给我安抚。

如果有这两个部分，我会依然享受这种为你付出的快乐。不知道你是否愿意在这两方面给我这样的爱，如果没有的话，恐怕我们的关系就会出现重重危机了。我发现当你不断跟我要爱，而我不断付出的时候，我就开始恨你了，因为这种不平衡就像是我父母在我小时候不愿意给我买冰棍还要我学习好，供他们向邻居夸耀一样。

我特别需要有一个人可以和我谈谈这个部分。

这个女人也可以跟这个男人说：

我一直都幻想有一个好爸爸保护我，一个好妈妈来爱我。我发现在我们的关系里，我完全变成一个婴儿，好像永远都要不够。其实我一直不相信会有人真正地爱我，我觉得所有人都会离开我，我根本不值得别人爱。

我太害怕了，所以我会非常恐惧地想要控制你。可是就算你给我很多爱，我内在最核心的那部分还是不快乐。

我所有的防御，最终只能让恐惧更快地变成我的宿命。

也许，我可以和你谈谈我内心的恐惧。如果我们可以一起谈谈这些恐惧，也许我们的生命会更放松一些。

男人会发现，女人这样表达她内在的深层恐惧以后，他也会尝试着谈谈自己对脆弱是多么的恐惧，他恐惧妻子的脆弱，但其实他真正恐惧的是自己的脆弱。

男人可以哭着说，当他发烧的时候，她就守在身边，他想起自己小时候发烧，妈妈忙着工作，把他一个人锁在房间里，他在黑暗中哭泣的场景。

而这样的孤独和荒凉，也可以激发出女人过去相似的经历。她可以温柔地抱他，她发现，当他们可以互相分享脆弱的时候，他们释然了，放下了，可以更亲密地在一起了，因为这些脆弱，他们可以更有力地连接在一起了。

真正的、真实的依恋由此生发出来了。

这就是创伤治愈的过程。它最需要被看到、被温柔但有力地触碰，需要被理解、被懂得、被分享。

当这样的共鸣发生的时候，我们就不会被创伤隔离，情感终于也可以得到继续深入的发展。

*

出轨的人到底在想些什么

当我们无法理解对方的想法时，就会把自己幻想世界中的恶魔角色安在对方身上。

“为了一个认识不到一个月的女人，他居然可以置十多年的情感不顾，就这么把婚姻毁了！”

“为什么他如此冷漠，在我痛不欲生、泪如雨下的时候，居然还跟小三儿打情骂俏！”

“她可是孩子的妈啊！怎么可以把孩子抛在一边，晚上跑出去和别人厮混！”

“他在跪求我原谅之后，没过几天怎么又和那个女人联系上了?！”

出轨的人到底是怎么想的?

婚外情这层幕布被掀起之后，我们看到的是各种让人难以理解的剧情。我们会在一夜之间完全无法认识眼前这个曾经最亲密却突然变得如此陌生的爱人。

当你知道对方是怎么想的，当你理解对方的想法，也许你们的关系还有一线生机。最怕的是你把对方“黑化”，把对方“物化”，听凭内心的情绪狂魔乱舞，最终把本来还有希望的关系彻底毁灭。

要了解出轨者的心情，我们首先要了解其需求。

人一生中，主要是围绕着两种恐惧。

第一种恐惧是分离：爸爸 / 妈妈不要我了。

有分离创伤的人，最无法忍受无回应的世界。

朋友曾给我描绘过，妈妈因为忙于工作，经常把她送到亲戚家寄养。她一觉睡醒后，发现自己在别人家里，一开始她还痛哭，躲在床角向隅而泣，后来她慢慢习惯了，为此妈妈还夸她懂事。成年以后她发现，在亲密关系中，她非常害怕各种被抛弃的经历。

她需要随时有人陪伴，否则她将再次回到那些可怕的瞬间。但在某种程度上，她又不喜欢自己这种随时随地都需要陪伴的感觉，渴望能拥有自己的独立性，拥有一个强大的自我，却做不到。

第二种恐惧是阉割：爸爸 / 妈妈要揍我。

文的爸爸是当地有名的书法家，从小他就在爸爸严格的教导下练习书法，一个字写得不好了，爸爸就会把整张纸撕掉。有一次甚至往他身上泼墨汁，把笔都撅断了。

长大以后，他无法忍受任何冲突的场面。他成为调和气氛的专家，有能力让在场的所有人都非常愉悦，却不能让自己欢乐，因为他必须压抑自己的很多需要来满足别人。他多么希望可以自由自在地做自己啊。

以上两种因恐惧产生的需求是如何导致出轨的？

第一种出轨往往出现在这些时刻：丈夫长期出差，妻子长期体验到久被遗忘的分离的痛苦。这个时候，如果她工作失意受挫，有一个“暖男”出现，理解她，安抚她，这种诱惑就难以忍受了，因为她决不要回到醒来之后发现只剩下她一个人的家里，那种感觉很恐怖。

第二种出轨则会是这样的时刻：丈夫目睹了自己的父亲是如何欺负母亲的，他决心要做父亲的反面——成为一个绝对完美的丈夫，他要把自己的一切都献给生命中最爱的女人。可是几年过后，他发现找不到自己了，此时一个风情万种的女同事出现在他的生活中，他带着巨大的恐惧和诱惑“飞蛾扑火”。

一言以蔽之，前者是追求安抚，后者是寻找自我——通过探索和冒险来实现。

要了解出轨者的心情，还要理解其人格水平。

我们的人格水平有两种：分裂、压抑。

分裂：黑白分明，要么把你理想化到天仙，要么把你妖魔化为恶魔。

一个男人可以在婚前把你当成女神来看待，希望你可以帮他应付自己无法应对的——他妈妈的控制，逃脱被阉割的恐惧。但婚后，发现你不能帮他搞定他妈，对你极端失望，于是你就被他贬到“女奴”的冷宫。

一个女人可以一直都信任你。但在她产后大出血的时候，你因为手机信号不好没有及时赶到，她会从此记恨你一辈子。因为你关键时刻没有提供安抚，就被划到黑名单，被认为是极端不靠谱的人。你是她生命中的守门员，之前多少次成功的扑救都无法抵过一次失误。

犯错一次，比赛结束。这样的人从小的经历太艰难，他们很难容忍一丝一毫的误差。他们无法共情别人，在亲密关系中完全退行为婴儿，完全是单向的关系。

哪些人是分裂型人格？

• 恒定地把他人物化。对他们来说，真正可以实现妻子如衣服、丈夫如衣服这样的境界。

• 万花筒式地把他人物化，他们的关系永远都是变化的。

比如对你非常非常好，然后忽然一夜之间你成了女奴，因为他又爱上了另外一个女人。当他们的关系完蛋以后，他又开始把你捧在手心，你又成了他的女神。

总之，无论如何你都不曾被他当人看，你只是他人生幻境的配角。他强行把角色安排给别人，从未真正理解这个世界，也从未理解过他人。

这样的人是无法真正体会他人的情绪的，他们只能感觉到自己的情绪。所以他们无论怎样都是要他人理解自己，就好像出轨的不是他们，而是对方。

压抑：总是很能理解别人，但最大的痛苦来自内在——这个世界不能有任何杀伤。

压抑型的人内心是冲突的，他们总是困惑：为什么这个世界要这么虐待我？我出轨，那是因为这个世界对我不好啊！我永远都是对的，错的是这个世界。

如果压抑型的人伤害到他人，内心的自我批评又会把他们吞噬掉。

压抑型出轨者如何应对内心冲突？

1. 斗：反戈一击类型的出轨者

• 对外攻击：我之所以出轨，是因为你对我太差，我的出轨是不得已的。

• 对内攻击：我是人渣，我负荆请罪，你再给我一次机会吧。我改，我改，我改！

无论是哪种攻击，本质都是无法承受内心对自己的指责，他们要么害怕伴侣离开自己，要么害怕外在的惩罚。比如让周围人知道会让他们觉得颜面扫地，或者他们内心的道德感会认同妻子的眼泪，把自己骂成人渣。

在这种道德毁灭性的压力下，或者害怕失去关系的恐惧中，他们试图掌控局面，或者希望把责任推到对方身上，或者扮演赎罪者，以减缓强烈的冲击。

2. 跑：逃跑类型的出轨者的套路也有两种

• 跑到事情中去。比如成为工作狂，拼命工作。

• 跑到道理中去。比如为自己的出轨找各种理由，展开出轨合理化的大辩论。

第一，真爱合理化。

“只要我真的爱那个人，婚外恋又有什么不可以。”

“只要我并不是真的爱那个人，出轨又有什么不可以。”

第二，无伤合理化。

“我出轨了，可是只要不让伴侣知道就不会伤害到他（她）。”

“一夜情，或者是偶尔的逢场作戏并不会影响到我的婚姻。”

第三，自由合理化。

“生命只有一次，就应该尽情享乐，能从情人身上得到一些伴侣不能给予的快乐和满足又何尝不可呢？”

“如果只对某一人忠诚，我注定要受伤。”

“一夫一妻制并不意味着我没有权利去追求快乐。”

“没有必要牺牲我的快乐去讨伴侣欢心，或给他（她）安全感。”

第四，用他人的利益合理化。

“婚外情能让我的需求得到满足，又不会破坏我的家庭，我这样做也是为了孩子。”

第五，本人能力合理化。

“我根本就控制不了那种冲动。”

“我天生就花心。”

“男人都喜欢拈花惹草。”

“我从来没说过自己是个完美的人。”

第六，隐私合理化。

“夫妻之间都会有不想让对方发现的秘密。”

“我有权利隐藏我的秘密，伴侣不会真正了解我的全部。”

第七，边界合理化。

“伴侣对我外遇的事睁一只眼闭一只眼，那就说明我不要太招摇就应该没事。”

合理化类型就不逐一分析了。这些合理化的结果就是：我是对的，我没有错。

这个时候，虽然很多出轨者会做种种自我辩解，但从他们的身体语言中可以看到，他们其实也在强烈的自我攻击中。这种辩解与其说是讲给别人听，不如说是他们在自我的道德法庭上的申辩。他们说那么多无非就是表达几个字：饶了我吧。

我们要区分两种无情：**一种是分裂的无情，是真无情；一种是压抑的无情，是假无情。**如果允许自己的感情出轨，往往最后也会无法原谅自己而自残甚至自杀。

我曾有一个观点：很多出轨者不是不负责任，而是太过于负责，才会不负责。他们觉得要为伴侣负全责，但为他人负全责，就意味着对自己不负责，另外也无法完全为他人的喜怒哀乐负责，最后，他们不堪重负，只有试图维系关系的外壳，而私下里寻求自己的满足，这就是他们出轨的真正原因。

压抑的出轨者往往生活在自我和他人利益的冲突之中，他们无法让一段关系全须全尾地进行下去，因为他们不知道如何平衡两者的关系。如果追求自我，他们会谴责自己；如果成全他人，他们会饿死自我；他们试图脚踩两只船，又迟早会有败露的一天。

3. 僵：往往在出轨败露的最后阶段，双方会进入僵死状态

扮演忧伤的小孩：我对不起妻子，毁掉了完美的婚姻；对不起孩子，我是一个坏爸爸；对不起小三儿，她跟着我，把最美好的青春献给了我，现在再嫁人难了；更对不起我自己，我到底想要什么，我想要的，为什么总是难以实现？

此时他们如果流露出对情人的内疚，会引发伴侣新一轮伤心；如果流露出对伴侣的内疚，又会引发情人新一轮伤心，于是他们就进入到抑郁状态——人生毫无意义。

扮演迷茫的小孩：如果出轨者是一个磨叽的人，他到底想要干什么他自己也不清楚。回归吧，他对妻子的感情已经不多了，而且妻子能原谅他吗？以他对妻子脾气的了解，他可能要背着这个罪孽过一辈子；离开吧，内疚感会把他毁掉，而且前途茫茫，情人好像是妻子的翻版，现在也没刚开始那会儿可爱了……

究竟什么决定着婚姻的走向？

出轨暴露之后，婚姻的命运取悦于两个决定：你是知己知彼，还是被自己的狂暴情绪支配？双方是否可以用成人的方式解决问题？

每个人在情绪爆发的时候，都会用分裂的方式来应对：把对方看成是狼外婆，把自己看成是小红帽，这样就可以用幻想来暂时抵御一下可怕的冲击。

情商高一些的人会在情绪平缓的时候恢复理智、认清现实，用压抑的方式来应对危机。但情商较低的人就会沉浸在幻想中出不来了。对于太入戏的伴侣，婚姻危机的挽救可能性不是很大。如果你还能分清楚幻想和现实，危机还是有希望解决的。

在情绪的风暴中每个人都自顾不暇，你不要指望对方在受伤的时候还会搭救你。只有当大家的情绪稳定下来，共情才会发生，疗愈才会完成。

有分离创伤的人往往会被自己的创伤洗脑，任何风吹草动都会让他认为是对方铁石心肠要抛弃自己。

有阉割焦虑的人，会被自己的创伤催眠，伴侣的任何哭诉和痛苦，都会让他认为是自己需要负责和修复的，于是他们就在自责和伴侣的痛苦中被摧毁，用“斗、跑、僵”的方式来缓解自己的压力。但这在有分离创伤的伴侣看来，是抛弃者新的罪证，于是他们的行为会换来新一轮指责——恶性循环由此形成。

双方其实都在各说各话。分离创伤者说：你必须对我负责！阉割焦虑者说：你必须接纳我！

当我们无法理解对方的想法时，就会把自己幻想世界中的恶魔角色安在对方身上。如果我们不因此有所觉悟，关系就会被负面误解的癌细胞传染到体无完肤的境地。

*

为什么你出轨了却不愿意离婚

他只能像一个乞丐一样，不得不逡巡于饭馆周围，总是半饥半饱地活着，而不能起帆远航，因为他的存粮不够。

当婚姻遭遇出轨，往往会有三种痛苦。

第一种痛苦是背叛之苦：残酷的现实让被出轨方迷茫、伤心和愤怒。

第二种痛苦是不死不活之苦：出轨一方游移不定，一会儿说要回归家庭，一会儿又斩不断外面的情，或者干脆半死不活地耗着。

第三种痛苦是分离之苦：当婚姻关系要结束，面对真正的丧失时，又是别有一番滋味在心头。

这里，我们说的是第二种苦。

很多人都无法理解，为什么一个人会长期滞留在灰色地带，上演一场拉锯战，迟迟无法从三人游戏中做出最后的决断？爱就是二人游戏，怎么可能把一颗心分给不同的人？

其实在情感中，有两种人喜欢玩这种脚踩两只船的游戏。一种是“躲猫猫”型的人，一种是“要爽不能”型的人。

我们先说“躲猫猫”型的人。

有个朋友，他专情的时间不能超过3个月，超过3个月就会移情别恋。如果女友要离开他，他就一哭二闹三上吊，绝对不允许女友离开他。一旦女友回归，他又开始和其他女人暧昧。几年的情感，就在不断出轨、跪舔、再次出轨中度过。女友都要崩溃了，因为每次他的跪舔都极度真诚，和他分手就像是将一个小婴儿抛弃在雪中一样让人于心不忍。

但事实又证明了一件事：他根本不能和任何一个人发生长期的一对一的关系。他的人生就是一场躲猫猫的游戏。

所有人在孩提时候都玩过躲猫猫游戏。我们是婴儿的时候，当父母把自己的脸藏在手后面，然后忽然把手拿开，我们往往会开心地大笑。长大一些的时候，我们会把自己藏起来，让父母来寻找，更大一些的时候，让其他伙伴来寻找。

为什么我们会热衷这样的游戏？因为这样的游戏的主题是：分离与幸存。

父母的脸消失于手掌之后，对一个婴儿来说是消失了，不存在了——这会让孩子感到恐惧；当父母的脸又出现的时候，孩子会开心——原来他们还在！

孩子就是在和父母反复玩躲猫猫的游戏中，内化了父母的影像，这样的影像越持久稳定，越是可以支持孩子独自上路，走得越远。

一开始，孩子无法让父母离开自己的视线。孩子开始三翻六坐八爬，甚至学会行走了，开始探索更广阔的世界了，但每当孩子往前走到一定的时间，就会回头看一眼妈妈是否还在。孩子越小，内化的父母的影像越是模糊，内在的爱的油箱越是不足，越是需要父母的影像来加油。

父母的影像意味着爱，意味着安全和放松，意味着孩子的存活，首先是物理上的，更重要的是精神层面的。父母就是孩子的安全堡垒，就是孩子的爱的加油站，就是孩子生命存在感的随身充电器。

每当孩子感觉到危险的时候，都可以到父母那里充电。时间长了，就有了一个内置的安全发电站，让孩子可以离世界更近，而离父母更远一些。比如父母在厨房做饭，孩子在客厅玩玩具，虽然看不到父母，却可以依靠内置的发电站，展现内在的父母的影像而自我安抚，而非必须要看到父母在眼前。

慢慢地，孩子长大了一些，两三天不见父母的面，也不会慌，但两三天过后，孩子往往就会发慌了——因为父母的影像开始模糊，安全感开始崩溃了。

孩子越大，离开父母的时间可以越长。等孩子内置的发电站可以持久地提供安全感时，就不必对谁有某种人身依附关系也可以独立存在了。

可是如果安全感内置的过程被中断了，我们可能就要用其他手段来修复，比如躲猫猫游戏就是一种无意识的“自我修复”程序。

我们这个时代盛产“巨婴”：成人的外表，内里还是虚弱的小孩。这样的人像是一只小宠物一样长大，没有人关心他的内心，以至于他也不认为人是需要有内心戏的。对他而言，生命就是一个又一个忍耐的游戏，他需要做出很多社会化的动作，这些动作为什么要做，他没有更多的自我觉察力。因为他在过去的生命中，情感、情绪都不被他的原生家庭接受。

我带儿子去旅游，当他第十次喊“好热”的时候，我就受不了了，严肃地告诫他：男孩子不能老是这么当众喊热，要做一个“男儿有泪不轻弹”般的男子汉，就要把这些感受压在心里。

说完这些话，我自己也感觉好笑，看来我小时候就是这样被意识形态教育的——男人是不能有感受的，否则就是娘娘腔，而一旦失去了男性的身份认同，男人就会陷入恐慌之中。

事实上，这时候孩子最需要的是父母有幽默感的调侃：哇，是啊，真的热得要疯啦，让我们看看谁流的汗最多吧？

父母可以加工孩子对酷热环境产生的内心不适，而非让孩子压抑自己的难过，孩子可以从中学会如何应对生命中的种种不适（虽然压抑也是一种应对方式，但毕竟不是最好的方案）。

孩子的做法不被原生家庭接受，时间久了，孩子可能无法积攒出足够多的安全感——因为他的安全感的需求总是得不到满足，甚至被贬损，而他又不知道如何去消化这些不安全感。他只能像一个乞丐一样，不得不逡巡于饭馆周围，总是半饥半饱地活着，而不能起帆远航，因为他的存粮不够。

一方面他想拥有自己的帆船，拥有自己的航行；但另一方面他又没有足够的安全感，于是只能继续在亲密关系中玩早期关系的游戏——躲猫猫：我想要离开你，拥有我自己；但我又无法离开你，因为我没有足够的安全感到外面去闯。

我们拿着蜡烛去很深的洞穴探险，当蜡烛燃烧到一半的时候，我们就不得不返回了，因为再往前走，我们就要冒着一团漆黑的危险了。

但很多出轨者的内在，是生活在一种悖论里的：

- 我要离开你，因为这样的关系很压抑，我感觉到被忽略，我想要更多的爱，可是我不能离开你，因为离开你，我就觉得生不如死。
- 我要离开你，因为这样的关系很窒息，我感觉到要被你吞噬，我想要有更多的安全，可是我不能离开你，因为离开你，我就觉得生不如死。

“躲猫猫”型的人，一生都在努力解决一件事：如何既与他人融合，又与他人分离而独立。与他人融合，对他来说是一种自我的灭亡——被内在的父母吃掉。

比如，我如果没有觉察到，不断批评我的孩子，不允许他表达热，那么我就吃掉了我的孩子，不允许他有自己的感觉。如果他要存活于与大人的关系之中，他必须舍弃自己。这就是他的存在感消亡的时候。

如果他说“爸爸你说错了，你太吵了，我要自己走，你别和我一起走了”，肯定会因独自面对这个世界而感到恐惧，因为他从未被鼓励的自我很孱弱，无法应对外面的世界。这样，他长大后很可能会陷入躲猫猫的游戏里——通过出轨来和妻子融合，又在一世外桃源处拥有自己的“绝对掌控感的自我”。

我们再来说说“要爽不能”的人。

一个人想要爽，却不能爽。为什么不能爽？因为“爽”这件事妨碍了他人，所以不能爽。为什么妨碍了他人就不能爽呢？因为这个“他人”不是一般的人，而是父母。

比如，一个孩子想和爸爸好，妈妈吃醋了，因为爸爸看女儿的眼神是那么的柔情，爸爸从未这样看过妈妈。

比如，一个孩子想和妈妈一起睡，这时候爸爸生气了，因为他本来晚上想和妻子一起商量一件重大的事情，现在吵闹的孩子碍了事。

比如，一个孩子本来想高高兴兴地和其他小朋友一起玩，但刚刚被爸爸骂了一顿的妈妈正在哭泣，这时候这个孩子也不能高兴，如果高兴，会显得他太没心没肺了，他需要去安抚受伤的妈妈……

很多时候，有人会问我：似乎我内心有一首托塞利《小夜曲》——非常哀伤的基调。每当我快乐的时候，《小夜曲》就会奏响，我觉得这个世界有些不正常，有些恐惧——这是我不熟悉的世界，好像我不该这么快乐。

在一个禁止欢乐的家庭里，很多人就生活在痛苦的压抑之中。

如果他们找到非常欢乐的女人做妻子，总是会鬼使神差地被忧郁的女人吸引，迫不及待地想和她在一起，似乎他们才是同类。

他们的痛苦就在于，他们想生活在阳光下，却像已经习惯了黑暗的潮虫一样，难以适应强烈的日照。于是，他们试图往返于黑暗和光明之间，两者兼有。

他们的世界，没有过渡色。因为无法让自我和他人之间取得动态的平衡，他们选择用时空来分割无法调和的人生；因为无法让欢乐和悲伤、兴奋与压抑之间取得动态的平衡，他们选择用时空来分割自己的生活。

他们把自己的生活活成无间道：他们缺乏一个可以帮助他们找到既和他人融合又拥有自己的方式，或者他们缺乏一种把兴奋和压抑糅合在一起的能力，只能把自己的生命分裂成无法整合的碎片，这些碎片最后会把他们及其所爱折磨到崩溃。

还是拿我和我儿子举例。比如我不希望听到孩子总是说热，但同时又希望孩子的自我得到尊重，我就会用文中那种幽默轻松的开玩笑的方式，让孩子了解我的意愿，同时也照顾了孩子的脸面。

或者，我应该处理好自己的情绪，在此基础上，我说出的任何话都不会对孩子造成伤害。这样，孩子就不会因为我的情绪而不得不压抑自己的情绪来迎合我了。反之，会导致他的自我在父母的灵魂下呻吟，在父母强大的自我面前失去自己的意志。

从这个角度上看，出轨的人其实是在用最愚蠢但也最让人悲伤的方式试图找到自我。这种找到自我的方式，恰恰重现了当年他们的父母是如何蹂躏其意志的。

任何一种伤痛，其实都会让你更接近成长，只要你愿意看见，愿意理解。否则，你只是一次次绝望地重复当年父母伤害你的游戏。

所有的伤害，都是有意义的，只要你愿意学习。

*

出轨是毒瘾？那什么是解药

这个世界没有完全安全的伴侣，因为所有的安全感，是来自你自己。

出轨就是试金石，检验的是你的三观。

被出轨重创的人，他们的安全感往往是建立在伴侣不出轨的基础上的：没有出轨的世界是美好的伊甸园——举案齐眉，鱼水和谐；出轨的世界，就是人间地狱，就是把他们扔到火星上，完全无法拥有确定感，没有安全感。

一个婴儿，可以坦然地走上高速路，面对时速 100 千米的汽车，因为他的头脑中没有 B 方案，只有 A 方案：我的世界，我做主，一切对我都是友好的，我不知道什么是危险。可是一个成人，要如何做到对人生、对婚姻毫无不良预期呢？

很多人在咨询室里最想知道的是：他出轨了，又回归了，可未来呢？

有人说，出轨就是毒瘾，有了一次就会有第二次，有了第二次就会有第三次，乃至无穷次……

闺密说：出轨的男人就别要了。可当初她的男人就是按照最不可能出轨的类型找的啊。

朋友说：以前我认为就算这个世界上全体男人都出轨了，我们家老王也不会。现在连他都出轨了，什么样的男人才安全啊？

真是没活路了。这样的人一直都生活在A方案中。因为对他们来说，B方案是无法想象的，就像是一个婴儿在被车碾过以后，如果还活着，根本不知道如何才能走过如此凶险的道路。

他们穷尽一生寻找绝对温暖、绝对纯粹的世界，为之努力的，是一种排除了所有伤害的生活。

可是，这样的世界并不真实。

很多会问“这个男人还可以相信吗”的女人，往往选择了绝望的相信，或者自欺的相信，或者不相信的相信。她们会不断催眠自己，自己也许可以成为小概率事件的幸运儿，甚至会努力说服自己不要介意：男人都是那德行，等他不想玩了，就会老实回归了。

这是没有自我保护膜的人唯一能做的事情：如果不能让疼痛停止，就让自己的感觉停止。

这也许可以解释为什么有的婚姻哪怕已经残破不堪、惨不忍睹了，两个人可以一年都不说话，一年都不见面，依然还需要婚姻的那层壳。对他们来说，就算是维护徒有其表的壳，也好过彻底地进入到B方案的世界。

B 方案的世界是解决问题的成人世界，而不是假装问题不存在的童话世界。成人世界和儿童世界最大的区别是：落棋不悔。没有如果，没有但是，没有奇迹，没有回头路，只有单行线。儿童的世界，是充满了对错的世界；成人的世界，只有输赢。

用儿童的眼光看：你出轨了，你犯错了，所以你要赎罪，你要改悔；用成人的眼光看：为什么会出轨？哪里有问题？怎么解决？难度是什么？我们的能力足够解决吗？哪里有资源？如果解决不了，我该如何应对？

儿童的世界多简单，多省事，成人的世界多麻烦。谁都愿意省事，可是前期省事的代价就是后期非常辛苦，就像是做了豆腐渣工程你要负责擦屁股一样。

成人的世界前期很辛苦，后期很省事。两相对比，能量守恒，这个世界谁都没有便宜占，你想有这个福利，就要付出那个代价。

那么问题来了，为什么有人无法接受温室以外的世界，为什么有人在一个充满了危险的世界里无法生存？因为缺少培训。

曾经看过“狼孩”的新闻，说有个孩子被狼抚养大，回归到人类社会，智商偏低，会说的语言也很少，花了很长时间才能适应人类社会，最后还早夭。这就是缺少人性的训练，得到了太多动物性的训练。

什么是人性的训练？这是老生常谈了：前有导，后有靠。

前有导：你不知道路在何方，有“导游”带着你走；后有靠：你累了，可以有地方休息，可以有你所爱的人拥抱你、理解你、安慰你。

有人疑惑，这人生的路怎么这么累呢？因为有人缺乏导游，有人缺乏拥抱。

缺乏拥抱的人，容易恐惧，还会在伴侣试图回归的时候把种种无法加工的情绪发泄出来，于是就会发生这样的事情：彼此永远都赶不上对方的步调，总是错过。

丈夫想要回归了，试图弥补一下自己对妻子的伤害，之前苦苦渴望丈夫回归的妻子却勃然大怒，一改之前苦苦哀求的姿态，能有多作就有多作。丈夫恼羞成怒，负气出走后，妻子又恢复了之前可怜巴巴的样子。

丈夫心软，妻子又故态复萌；如此再三，妻子再试图挽回的时候，丈夫已经冷若冰霜了；妻子心冷如灰了，丈夫又旧情难忘，想要回来试试，妻子却一副拒人于千里之外的姿态，丈夫挫败，灰头土脸……

两个人总是默契地演出这样的剧目：你挽回，我排斥；你排斥，我挽回。

为什么要这么拧巴呢？因为妻子试图把自己无法消化的恐慌、愤怒、伤心和迷茫发泄在丈夫身上，让他来帮助自己承担；而丈夫也试图把自己无法消化的羞耻、内疚和迷茫硬塞给妻子，试图让她来接纳自己。

简单说就是：互相希望对方当妈，自己当孩子。两个孩子拼命地冲着对方的乳房啃去，结果嘬了半天，什么都没嘬到，彼此的胸口都是一片血迹。

缺乏“导游”的人，容易迷茫。

有人会说，你老说 B 方案，啥是 B 方案，我怎么面对伴侣出轨这件事啊，来点儿实在的。

A 方案会告诉我们：这个世界应该是无菌的，细菌都是要杀人的。

B 方案会告诉我们：这个世界应该是有菌的，大多数细菌都是可以利用的，就像是我们大肠里有很多细菌，并不是烦人的入侵者，它们是我们请来的重要客人，不仅能够帮助我们消化和处理食物，还能提供基本的维生素。它们的作用还表现在帮助我们抵抗那些有害细菌。

A 方案的人是缺陷取向的，前提是自己毫无办法应对这个世界。

B 方案的人是资源取向的，前提是自己可以从与这个世界的交锋中学到一些东西。

要从与这个世界的交锋中学到什么东西呢？

主要是观察力。比如出轨是不是会上瘾呢？“导游”会回答你：有上瘾体质的人，一定会上瘾。

那么，什么是有上瘾体质的人呢？无法用言语消化情绪，只能用身体和行动来消化的人，就是有出轨上瘾体质的。

出轨往往会在一些特殊的时期发生：比如父母去世、孩子离家、遭遇重大疾病危机；或者戒断一些成瘾习惯，比如吸烟；或者在工作事业上遭遇了始料未及的成功或者失败；或者当第一个孩子出生的时候……

如果一个人没有足够的情商能力，无法用言语的方式，比如倾诉来表达自己的情绪，无法对自己的情绪有更多的觉察，无法通过情感的交流和合作来解决内在和外在的危机，而习惯求助于用身体代谢——喝酒，或者行动代谢——和别人冲突或者出轨，这样的人，就属于出轨的高危人群。

但是，并不是说没有出轨上瘾体质的人就会让你一辈子安全了。因为未来是无法预料的，生命就是不确定的。而且更重要的是：你是否拥有诱发伴侣出轨的体质？什么样的人会有这样的体质呢？其实和出轨上瘾体质的人一样，都是言语化功能不强的人。

有人说，我超级能说，每次都能把我伴侣说得痛哭流涕，我的言语功能还不强吗？我们这里说的言语功能，不是你的推销功能，而是你有否超越用身体和用行动来拥抱的能力。

当你必须有伴侣的拥抱才能踏实，伴侣必须天天回电话你才能踏实的时候，你就缺乏通过交流、通过更省力的方式获得对方安抚的可能性。

婴儿是需要时刻的拥抱的，是需要时刻的回应的，如果你身陷这样的需要之中，说明你这部分需要是要好好地补足的。当你可以超越这样的需要的时候，你就可以有足够的自我安抚的能力了。

当你可以不用做“巨婴”的时候，你才会和更高层次的伴侣生活在一起，你们的生活才会远离各种奇葩的故事。而且你们也会用合作的方式，而非用奇葩的方法来解决冲突。比如你们都要对方当妈的游戏，就可以告一段落了。因为你们都喂饱了自己，也就可以玩一些更高级的游戏了。

这时，你进入到“不确定感”的世界里，而且喜欢这样的世界。你无法让生命充满确定感，你唯一能确定的，就是你拥有面对不确定感的能力。

总而言之：

• 你有足够多的拥抱感：当你可以在危机之中拥有自我安抚和寻求他人安抚的能力（很多人在危机中才发现自己根本没有朋友，虽然电话簿里有几千人的联系方式，但都是点头之交。）

• 你有足够多的力量感：你可以看清楚形势，找到问题的症结，比如判断伴侣有没有出轨上瘾体质，自己有没有诱发伴侣出轨体质？如果有，你需要围绕这个问题进行努力，如果对方不配合，你要做出什么选择。

这个世界没有完全安全的伴侣，因为所有的安全感都来自你自己。

没有 B 方案的人，注定一生都不会有安全感。没有足够的训练，一个婴儿是很难安全过马路的。

*

选择忠诚，并不代表婚姻就永远安全

刘墉说："愈是没身份、没地位、没财产、没退路的男人，你愈要小心。"

婚姻中到底什么是最重要的？你的答案往往决定了一段感情的最终走向。

如果你选择了"忠诚"这两个字，那么，我可以负责任地告诉你：你给自己的婚姻埋下了一个不定时炸弹。

一般什么样的人会选择"忠诚"这两个字呢？

"听妈妈话"的人

这样的人往往涉世未深，却主意很"正"。他们明明什么都没有经历，却要装配一套老年妇女的价值观。

老年妇女们有时候会这样看人生：这世界就是一个牲口棚，大家的任务就是吃喝拉撒加交配，交配的目的就是生孩子，生完孩子以后看到孩子继续交配生了下一代，任务就完成了。

这就是一个精神世界的穷人的看法，展现的是一个女性独立、却没有精神武器的年代。这套三观告诉你：情感根本不重要，重要的是有一个人能跟你过一辈子。如果遭遇末日，那你会死得很惨，会成为精神残疾。

可惜，这些道理是有保质期的，如果时光倒退几十年，也许在那个人身都无法保障的时代，我们的确可以如此生活。但是在爱情至上的年代，不仅是物质层面贫富差距在变大，而且幸福度的贫富差距也在变大。人人都追求有恩爱可秀的境界，却要在现实中不得不过一种以交配为中心的生活，这的确太让人分裂了。

所以，如果你选择了以忠诚为中心的生活，意味着在某种程度上你必须要杜绝七情六欲，杜绝心动，变成一座精神寺庙。因为这种所谓的忠诚是建立在恐慌的基础上的：你不知道如何面对伴侣的欲望，以及自己的欲望，害怕一旦遭遇背叛，就是你人生的穷途末路。

选择这样的生活其实是在说：我很无能，不知道如何应对更复杂的生活，所以我也要找一个性无能的人，这样我就安全了。

“受够了优秀男人 / 女人”的人

“好猫有九赖”，这句话是我小时候在一本养猫指南上看到的：但凡名贵猫，大多会有怪癖。这让我深深理解了什么叫作辩证法：一切都是有代价的。

如果你是“外貌协会”的，就会发现你看得上的男人，很多女人也同样看得上；一个被很多女人看得上的优秀男人，他的选择会很多，为什么他一定要忠诚于你？凭你的相貌？凭你的能力？这个世界到处都有比你强的人，让这样优秀的人爱你一生，凭什么呢？

所以很多涉世未深、初生牛犊不怕虎的女孩，在爱情中一旦被条件优秀的男人伤害得太深，就容易心灰意冷，最后干脆找个“暖男”嫁了算了。她们会回头认同当年嗤之以鼻的理论：一切的爱情，不过是自欺欺人而已，我找了很多适合谈恋爱的男人，现在也该收收心，找个爱我的、适合结婚的男人嫁了。

这样的感情，只求稳定，只求长久，不求心跳，不求满足，甚至只要你对我好，我对你也可以忍耐。

但问题是，这不是欺负人吗？这种单向的情感中，对方又获得了什么呢？而且很多时候，因为你曾经沧海难为水，心中明明有所爱，只是因为受伤太重，才委屈下嫁，你的这种委曲求全，这种骨子里的看不起，你以为对方真的不懂吗？

第一种人，如果用一句话评价就是：我不会 / 我不配。第二种人：我不敢。无论哪一种都是在说：我觉得自己没有能力，没有资格，也无法应对有可能的伤害，不知道如何面对充满欲望和诱惑的人生，所以我要找一个精神上没有阳具的人。

选择忠诚的人，不是真的人好，只是没有机会放荡，没有能力放荡。我们见过太多的“癞蛤蟆”现象了。在一段女强男弱的关系中，男人随着地位和能力的增加而逐渐暴露出人性的另一面：他对你好并不是因为真的那么爱你，而是因为他太自卑了，不得不依附你，以获得更好的生活；或者他因为自觉条件太差，而和同样自卑的你凑合在一起，一旦他发达了，就会寻求更好的平台，以配得上他的升级版本。

所以成熟的女人都不太希望自己的男人太优秀，而希望他永远在精神上疲软，永远保持孩子的状态。这样的话，他永远都会在儿童期，而不会进入混乱的青春期。

但是不定时炸弹可能随时会炸响，因为人性会本能地想要得到解放。任何男人都要面对他们必须要解决的主题：雄性竞争——需要完成男性尊严和价值的原始积累。那些留恋花丛的男人，是靠性获得他们的自我价值。那些忙于工作的男人，是靠事业完成自我点赞的追寻过程。

而忠诚老实的男人，在事业和性方面往往都无法完成原始积累，其人生只剩下自我麻痹和自我消耗了。他们就是这两个结局：不在沉默中爆发，就在沉默中灭亡。

忍辱负重的自卑男人，往往在婚姻中能活活把自己憋屈死；或者在中年危机的时候，找到一个理由完成对不尊重他的妻子的复仇；或者他有成就了，可以用抛弃对方的方式完成复仇；或者他遭遇重大打击，比如父母去世、事业失败，他可以把所有的原因都归在妻子身上，这样，他就可以理直气壮地离开一直让他窒息却无力离开的关系；或者他在情场上得意，通过一个女人报复另一个女人。

这样的人虽然老实，但也有脾气、有尊严。

你嫁给一个老实人，其实你的潜台词是：就是因为你不够优秀，就是因为你好控制，所以我才和你在一起的。没有人愿意接受老实人的称号，因为这似乎在暗示：你不出色。

有人这样形容老实人的家庭：让人窒息的压抑。很少有人能真正忍受这样的关系，所以最终，它往往以各种奇葩的原因宣告破裂。

欲望的解决方式，其实就是这三种：

• 身体层面：我要做一个受戒的和尚，从此对其他男人 / 女人不再有色欲。以此保持我的忠诚。

• 行动层面：我拼命工作，忙得焦头烂额，这样就可以不用担心我的色情问题。

• 精神层面：我完成了价值的原始积累，既不需要通过男人 / 女人来证明我的能力，也不需要通过工作来感觉到我的价值，我的价值来自我们彼此的深层交流。我的情商让我变得更有情调，而非更加色情。

生活在精神层面，最终我很忠诚，不是因为我是精神上的和尚，而是因为我在情感中很饱满，不那么需要付诸行动。我可以对别人有色欲，却不会成为色中饿鬼，非要通过一段段艳遇来遮盖我内心对情感的饥渴。最终，做爱变成一件非常昂贵的事情，因为它需要身体的吸引、心灵的相融、精神的契合，而能完成这样的性爱的，只有与你。

而生活在身体和行动层面，则成为杯水主义，谁都可以替代我们彼此，是因为我们从未发展出足够扛过命运风暴的根系。

老实其实是有两个境界的：吃饱了的老实，冬眠了的老实。吃饱了的老实人是真正的老实，因为他没有那么多的骚动要去证明强大，要去逃避脆弱。冬眠了的老实人，其实只是压抑了他的骚动，一旦他有机会有能力了，终是要爆发的。刘墉说：“愈是没身份、没地位、没财产、没退路的男人，你愈要小心。”为什么？因为他们太饿了。

如果你进入婚姻的动机是健康的，你的婚姻就不大会有问题。你不是为了逃避外面的残酷才把婚姻当成温室的，你也不是因为逃避对自己的无情指责而找一个同样低自尊的人。

你需要用你的阅历证明：渡尽劫波，我还在。

有这样的心胸，才不会在炸弹忽然响起的日子里失声痛哭。

*

你才是重建婚姻的手术师

要想拯救婚姻，主要靠你自己，就像你去爬喜马拉雅山，你可以有向导，可以有队友的支持，但没有人会把你背上山。

摆脱三个误区，你可以变得更幸福。

如果说婚外情像是一场车祸，那么婚姻往往不是因车祸而死，而是因为“医疗事故”而亡。婚姻的创伤始于婚外情，却是在庸医的手里断送掉卿卿性命。

谁是庸医？

我们自己。

婚姻危机发生了，想要修复很难，因为我们很难一人分饰二角：受害者和拯救者。

我们最难以应对的伤害，不是来自正面的袭击，而是背后被人捅上一刀，而这个人还被我们看作保护者、滋养者和珍爱者。

此时我们进入到人生中最迷茫的阶段：这个人到底是谁？爱我的人还是杀我的人？如果你爱我，为什么向我捅刀子？如果你不爱我，为什么又要靠近我？

这时候，我们很难从受害者的角色中走出来成为重建婚姻的手术师，就像是遭遇了车祸的医生，处于半昏迷状态，是很难承担起做手术的重任的。

而在另一端，作为出轨者，无疑也在人生最痛苦的时刻，他/她将遭遇两场情绪风暴，一场是外在的，一场是内在的。

他/她此时也是一个受害者，而且更糟糕的是，他/她的伤痛很难得到其他人的共情，因为看上他/她似乎是一个凶手，而凶手就该去死。

婚姻往往死于拯救者和受害者两种角色的错误搭配上。

第一种错误搭配：受害者 vs 受害者

此时最糟糕的就是，被出轨者完全站在受害者立场上，让出轨者承担拯救者的角色。

也就是，一方完全放弃了对自己的责任，而让一个连自己的情绪都兜不住的人担任婚姻的手术师，其结果是进一步的伤害，于是一个“医疗事故”接着一个“医疗事故”，结果就是婚姻最终解体。

受害者角色的诱惑是：我受伤了，所以我就变成小孩了，你要负全责，你要把我的情绪和伤口修理好。因为你犯错了，所以这就是你应该做的，如果你不做，就说明你没有诚意。

完全沉浸在受害者的角色中，可以帮助你远离伤害，而将希望寄托于拯救者。但问题在于，谁来拯救你？

在出轨事件上，两个人都深受折磨。被出轨方遭遇背叛之痛，出轨方则名誉扫地；被出轨方希望出轨方展现诚意，出轨方则希望被出轨方展现宽容。

两个人都以受害者自居。

第二种错误搭配：受害者 vs 拯救者

男人出轨了，经过一段时间的挣扎，决定回归了，之前苦苦哀求的妻子忽然变得硬气了，因为她觉得安全了，不用担心失去丈夫了。她的恐惧感消失，委屈和愤怒感就无法抑止了。丈夫努力想要取悦不断诉说痛苦的妻子，用尽了最后一丝力气，最后还是绝望了——可能她永远都不会原谅我了。

而当丈夫开始考虑离婚的时候，妻子又慌了，开始理性起来，对丈夫百依百顺地温柔起来。于是丈夫又动摇了，想要回归试试看，而此时他发现，妻子又故态复萌，横挑鼻子竖挑眼，种种挑剔和为难，丈夫再次失望……

于是双方就上演这么一出戏：一方扮演拯救者，一方扮演受害者。过一段时间两个人角色互换，总之两个人就是对不上点儿。

第三种错误搭配：拯救者 vs 拯救者

出轨者会跟自己说：我都这么伤害他/她了，我就要加倍对他/她好吧。

被出轨者会对自己说：既然他 / 她都回来了，我就选择相信他 / 她，他 / 她也不容易。

两个人一起目光炯炯十指交缠地说：那么，让我们重新开始！

真的吗？

只有小孩才会相信这样的把戏。

如果婚姻真的像过家家，那就好了，可惜不是。

有两样东西是我们永远都无法忽视的：一是欲望、需要，二是伤害。

比如，装作从此不再需要婚外情的男人，终于装不下去了；装作绝对信任回归男人的女人，终于装不下去了。于是他们开始新一轮战争。

在肿瘤医院门口有人告诉你，你根本不需要去医院，只要吃了他的仙丹，你的癌症就会不治而愈。别说，还真的有人信。如果他的药那么神奇，他早就不需要在医院门口蒙人了——早就是亿万富豪了。

当一个人想要拯救你的时候，你要看两点，一是这个人有没有足够的动力来救你，二是这个人有没有能力来救你。如果两者都存疑，你就不能像小孩一样装糊涂，而应该勇敢地相信自己。

事实上，我们必须牢记一句话：这个世界没有救世主，要想拯救婚姻，主要靠自己，必要时才寻求他人的帮助。

别人的帮助都是要建立在配合你的基础上的。就像你去爬喜马拉雅山，你可以有向导，可以有队友的支持，但没有人会把你背上山，而是需要你自己一步步爬上去。

C H A P T E R

4

第四章

/

懂得绝情，才能真正地深情

*

*

有一种男人，花光所有运气也要遇见

当大潮袭来，所有人都可以被洪水席卷，只有一些“礁石”留下来，找到了自己存在的意义。

许多人对朴树有着近乎“溺爱”的情感，大概是因为每个人心中都有一个拒绝世俗拒绝成长的孩子，而朴树就是这个固执的孩子。这个世界总是需要一些特立独行的人代表我们去过想过的生活。我们爱这样的人，其实是爱那个不妥协的自己。

朴树这样的男人能要吗

朴树有次综艺节目，主持人问他：“你为什么来？”

他的回答是：“因为我需要赚钱啊。”

朴树缺钱吗？这几乎是不可思议的，在2005年福布斯中国名人榜上，他排在第26名，朴树这名字值1100万元。

他现在却租住在顺义，开了十几年的奥拓，实在不能修了，只好开电单车。他不能用智能手机，已经停产的100元的诺基亚手机一直留在身边。

他完全可以有另一个版本的人生。

1996年，这个可以把宋柯唱哭成泪人的长发遮脸少年，被高晓松看上，一炮而红，4年连出两张唱片，火遍全中国，周销量突破30万张。其实发片时间可以更早一些，但在庆功会上朴树突然说："唱得不爽，我要重新来。"

第三张唱片呢？花了12年。

在最火的时候，他忽然失踪了。因为没有灵感，他就停止创作。

他的经纪人说，幸好我还有别的工作，否则会饿死。因为他对所有商演的态度就是：我不能去，因为那天我会生病。

在这个喧嚣速生的世界上，他像一只乌龟一样活着。

"我们是不是非要那么急迫不可？"朴树问。是啊，非要那么急吗？急迫地想表现出众，急迫地想赚钱，急迫地渴望成名……最后反而弄丢了自己。

蒋勋说："每个人都急着讲话，每个人都没把话讲完。"

朴树就是这样一个可以在高速公路上忽然停下来，只是为了一边看夕阳一边唱歌的人。

朋友得了癌症，他说："你妈以后就是我妈，你的病我来治。"妻子提醒他卡里根本没钱，他说："那我就卖身给唱片公司好了。"他还把几乎所有积蓄都用于支持希望小学，最满足的，不过是路边摊那一点儿毛豆和啤酒而已。

在访谈节目上，当朴树的妻子吴晓敏答完关于朴树的种种，在场女生都傻眼了。主持人让她们投票，会不会选择像朴树这种性格的男生做另一半，没有一个人举手。

如果你有个女儿，你愿意她嫁给这样一个人吗？

这样的人不符合社会对男性伴侣定下的标准。但是我们为什么这么推崇他们？一句话：因为他们有自我。

当大潮袭来，所有人都可以被洪水席卷，只有一些"礁石"留下来，找到了自己存在的意义。

我们都会喜欢那些可以相爱一生、白发苍苍的伴侣，喜欢那些可以"一担食，一瓢饮，在陋巷，人不堪其忧，回也不改其乐"按照自己意志活着的人。

什么样的男人可以托付终身

但是，这是不是我们这个时代最值得托付终身的男人？未必。

其实我们对这个世界大概就是这三种态度：红尘人、槛外客、穿梭者。

什么是红尘人？

红尘中的典型代表就是《水浒传》所描述的世界，宋江和阎婆惜结婚，洞房花烛夜，宋江忽然起身出门，阎婆惜问：“去哪里？”宋江答：“我要陪陪朋友们去。”

这就是典型的“外场型”的男人。他们的家是这个世界，而所谓婚姻也好，老婆孩子也罢，都是这个世界的附属物。他们人生之根是在功业上，没有事业，他们就一无所有。因为儿女私情对他们毫无意义，真正的意义就是能实现自己的野心和自我价值。

什么是槛外客？

槛外客的代表就是朴树这样。他们所有的能量都用于营造一个桃花源，最好的方式就是在门口设置重重关卡，不到必要的时候，不会和这个世界进行能量的交换。

什么是穿梭者？

达则兼济天下，穷则独善其身。他们可以自由地与外在和内在的世界周旋。最好的代表就是范蠡，当他帮助吴王复国成功后，就携西施泛舟西湖，成为当时中国的首富。

你选择和哪种人过一生？你认为哪种人是最好的呢？

哪种人都是最好的，哪种人都是最不好的。因为这取决于你的“人生主题”。

你此生的真命，出生时已注定

我们的人生主题，往往分为两种：共鸣、互补。

什么叫共鸣？

还是拿朴树和吴晓敏举例吧。朴树有一天想吃皮蛋豆腐了，可是又懒得去做，就干脆一口豆腐就一口皮蛋这么吃。

吴晓敏呢，出门给朴树买烟，然后消失三天，朴树打听到下落，说：“知道她还活着，就好。”

对此，他们说：“我们不怕奇葩。也就是说，只有我们俩才能过这样的日子，因为我们追求的都是一种随心所欲不逾矩的人生。”

《纸牌屋》中，“下木夫妻”也可以默契到令人发指的程度。“下木”贵为总统，会找到妻子的情夫告诉他：“你不要太花心了，你要对我老婆好一些。”

他们不爱吗？非常相爱。对他们来说，真正让他们连接在一起的，不是性的忠诚，也不是情感的忠诚，而是野心的联盟，他们双剑合璧，才能成就一番霸业。这才是最核心的连接，其他都可以忽略。

什么叫互补呢？

说说刘嘉玲和梁朝伟吧。

梁朝伟这样的人，可以远观，不可亵玩。做他的粉丝很美好，做他老婆呢？很累。在他们的婚姻模式里，某种程度上，刘嘉玲是个大姐大，梁朝伟则更像是一个被保护的小孩。

梁朝伟和刘嘉玲结婚最大的纠结，居然是觉得举办婚礼太累。2008年的不丹婚礼，一切创意及婚礼的诸多琐事都由刘嘉玲负责，被记者问到自己在婚礼上负责什么，梁朝伟愣了一下，说：“我去享受。”

装修的事情也不理，同样是刘嘉玲一个人全部搞定。而梁朝伟，装修前拎着一个小箱子出门，等家里所有摆设齐全，再拎着小箱子回来。

他还有点不懂人情世故。陪刘嘉玲一起去参加重要朋友的婚宴，别人都在觥筹交错间谈笑风生，有人来和他碰杯，他淡淡然一句："我为什么要和你喝。"话毕，又回到了自己一个人的世界。

而刘嘉玲则不是这种文艺青年范儿，刚进TVB，还是个被人嘲笑粤语都说不好的内地姑娘，但一年的时间，她就成为台柱。这么多年过去了，比她天资好的，风头比她大的，都慢慢淡出人们视线，只有她，依然是这个圈子里最耀眼的那颗星。她是party女王，在家则能把梁朝伟照顾得妥妥帖帖的。

可是，她这么辛苦，图的是什么呢？

毫无疑问，他们彼此都有对方不可替代的东西。梁朝伟最需要的，是一个可以叱咤风云、搞定外场的人。而刘嘉玲最需要的，则是一个可以活在自己的世界，可以打飞机到英国去喂鸽子随心所欲的小孩。

每个人都有自己的阴影，这些阴影就是我们从小一直未能发展的那个部分，甚至是受过创伤的部分。

我们每个人都是，一出生就有命定人生主题的人。

比如朴树，父亲和母亲都是北京大学的教授。在那个年代，北京的孩子考上什么样的大学，关乎父母和全家的面子。

我的出身也和朴树相似，所以非常清楚，在这样巨大期待下成长的孩子有怎样一种体验。如果你的父母都是北大教授，会有什么样的人生呢？答案当然是你最好对得起"书香门第"这个金字招牌。你有三个选择：

- 上这个流水线，成为书香门第的一员。
- 特立反叛，一生过非主流的生活。
- 庸庸碌碌，成为不起眼的灰尘。

而我们做的选择，是和父母潜意识的期待有关系的，比如：

一个凤凰男的学霸父母的投射是：你一定要离开这个穷乡僻壤，我很崇拜我的儿子，你是最棒的。

一个反叛孩子的北大教授父母的投射是：充满焦虑地在这个世界上活着，太没劲了，你一定要找自己的路，活出你自己！

一个凡人的成功父母的投射是：什么事情都那么完美，实在太累了，我希望你可以活得开心一些，不必那么较劲儿地活着，这样多好。

但所有父母都是望子成龙的，只是他们的潜台词不一样。于是**他们潜意识的期待就给孩子的内在世界提前预订了一个框架，而孩子一生都会不知不觉地在框架的影响下活着。**

于是，你可能像朴树一样，寻找一个和自己有共鸣的女人，过一种陶渊明式的、不凡的叛逆者生活，与全世界的主流价值观为敌。

你也可以像梁朝伟一样，找一个为自己撑场面的女人，过一种安心做小孩的凡人生活。

你也可以像"下木"那样，跟人合起来，一起面对滚滚红尘，双剑合璧，完成不可思议的挑战。

或者像刘嘉玲那样，找一个和自己"内在小孩"协调的男人，在外面八面玲珑，回到家里可以跟丈夫一起做孩子，轻松地活着。

最好的感情，不是成全，而是成就

共鸣，增强我们生命中最珍视的部分；互补，补足我们生命中最残缺的部分。

其结果都是一样的，就是我们可以由此增强自我。

那么，你入世也好，出世也好，往返穿梭也好，都由着你。只是，不要忘记：人生无常，而我们的感情也如是。

由于做咨询，我见证了各种人间奇迹破灭。

每个人都有法宝，也都有软肋。有的人，足够幸运，不必走到法宝失效、暴露软肋的时刻。但是大部分人，会走到穷途末路的时刻。

比如，一对夫妻一起创业，夫妻同心，其利断金。多年的战斗友情，让我们觉得他们的情感存款富可敌国。一旦妻子决定生孩子，或丈夫功成名就，连接夫妻的纽带很可能就消失了。丈夫陷入中年危机，不知道自己要干什么，妻子陷入孩子世界，和丈夫咫尺天涯，于是，多年的情感大厦说塌就塌了。

像海明威那样一生做硬汉的人，晚年发现自己死活写不出作品了，怎么办？一枪把自己崩了。

大多数人这辈子都有一个问题要回答：当我这一套人设行不通的时候，该怎么办？

物竞天择，适者生存，有 B 计划的，往往能更好地适应社会，更好地让种族延续下去。

我们从细胞开始，从胚胎开始，短短十月怀胎，完成了几十亿年的生物进化史。当我们出生以后，进化依然进行，我们从不会说话到会说话，再到意识到自我存在。而即使如此，我们依然还没完成进化。

要让自己更好地存活下去，更高质量地活下去，我们是八仙过海，各显神通。像梁朝伟就能发展出让人心疼的卖萌功能，就会需要一个妈妈式的女人现身；像朴树，就会发展出让人共鸣的叛逆自我，就会有同样希望自由自在活着的女人与之共生；像张国荣，就可以发展出让人迷醉的完美世界，拥有梦幻般的人生，用悲剧美学震撼人的心灵。

美满的一生，如果没有像流星一样陨落的美感，一样的闪耀，就不如一生稳定安好。

如果你在这个世界经历得多了，就会发现，世间根本没有好坏和对错，因为一切的存在，都有其辉煌灿烂之美，也有阴暗荒凉之丑。

有人曾问过吴晓敏，嫁给朴树累不累？她的回答是：挺美的！她说："如果现在还有记者这么问我，我还是会这么说。你说你希望成为更好的人，却找不到和世界交流的方式，但我要告诉你，这没关系，亲爱的，我在！音乐也在！"

在这无常的世界上，人类可能有一个"有常"的倾向，那就是我们可以更好地成就彼此，可以走出"保护层"的世界，可以"更真实"地面对彼此的"脆弱"。也许这样的感情，可以超越时间的磨损，可以持续地成就我们的自我。

我所理解的更好的感情，不是简单的拼图，不是活在自己世界的小孩、活在外面世界的女人、两个永远的少年，永远和外界保持距离……

朴树可以触碰自己一直想要回避的人生至痛：我为什么以这样的方式存在？

梁朝伟可以接纳面对外面世界时的不知所措和恐惧。

刘嘉玲可以真实地看见，如果自己放下那些面具，完全暴露自己内在真实，人生会发生什么。

走出舒适区，我们的人生还有怎样的可能性？

这不是成全彼此，而是成就了彼此。

我们经由亲密关系，可以更有安全感地去面对当年无法面对的，接受无法接受的，原谅无法原谅的，爱无法爱的，恨无法恨的，认识无法认识的，放下无法放下的。

外面没有对的人，等着你的，只有对的心，需要你去探索，去发现。

生命的所有意义，就像光明的意义，诞生于黑暗，而黑暗中的舞者，往往最销魂。

*

爱情最好的模样：
女人教会男人柔软，男人教会女人长大

真正适合在一起的人，就是和他在一起之后，你会变得更好，而不是更糟。

情感最大的规律就是蛮不讲理

《我的前半生》里最大的三个谜题是：

- 为什么贺涵和唐晶苦恋了十年，却依然无法在一起？
- 为什么如此骄傲的贺涵，却移情别恋被他无限鄙夷的无脑女罗子君？
- 白光如此渣，为什么罗子群还死活和他纠缠一生？

有人说，这不过是电视剧，何必较真？

错了。这部剧如果一定要有一个中心思想，那就是：爱，从来不讲道理。

什么是道理？

有一篇题为“中国式相亲价目表：我儿子才33，不考虑没北京户口的姑娘，有户口残疾也行”的文章，引起舆论哗然。

北京一些公园的相亲角里，白发苍苍的老人们每日坚守于此，为儿女挑选结婚对象。“京籍、未婚、有房、有钱”，是他们眼中的标配。

有网友评论说，这是中国式相亲的悲剧之一，因为它把原本浪漫美好的爱情与婚姻硬生生变成了关键词搜索后的买卖关系。

门当户对，就是很多人眼中的道理。

但如果我们的情感如此的话，那么人就如同配种站的猪了，这世间的烦恼也会少很多——可惜，爱根本不认这套道理。

唐晶和贺涵，他们亦师亦友亦恋人，携手纵横职场江湖，看起来无比登对，势均力敌。可是，在一起十年，始终无法修成正果。为什么贺涵、唐晶在情感中那么努力，最终却是强弩之末、回天乏力？

子群不顾任何人的劝告，执意嫁给了爱情，婚后生活一片狼藉，却也不肯离婚，一次又一次地原谅白光。为什么罗子群和白光这对夫妻，天天生活在情感的生死线上，却总是能苟延残喘、不断续命？

贺涵告诉子君摔倒了应该自己爬起来，又会在子君摔倒的时候失去理智地跑去帮忙。在瓢泼大雨的晚上，贺涵不顾一切去接子君。为什么贺涵会爱上一个当年他最看不起的女人？

经常会这样：所有人都觉得应该在一起的偏不会在一起；所有人都认为最不应该在一起的却鬼使神差有了结局，白首不相离。

如果你真的认为一切都是缘分使然，就太不懂感情了。这个世界的常态是：你无法强迫自己爱上谁，爱情的到来，永远在你意料之外；你也无法强迫自己不爱上谁，爱情的离开也在不知不觉之间。**有人需要很久才会爱上一个人，有人需要很久才能忘记一个人，而在特定的时刻，爱恨的生和灭在瞬息之间。**

你的第一次情感摔倒，摔出了人生的四条道路

问世间，情为何物，直教人生死相许?

在回答这个问题之前，我们需要回答一个更本质的问题：人为什么而活？两个词：生存、发展。

我经常会举一个例子：一个人的一生，由他的第一次摔倒决定。

如果孩子摔倒了，父母有四种态度：

- 这孩子怎么这么笨啊！我怎么生出这么个孩子?
- 我们家宝贝，好让人心疼啊!
- 无视。
- 先共情孩子的伤痛，然后再问孩子为什么会摔倒，总结原因防止下次摔倒。

根据父母的四种态度，孩子会有人生的四大课题要解决：

- 父母觉得你应该是超人。
- 父母觉得你应该是温室的花朵。
- 父母觉得你应该是空气。
- 父母觉得你是一个“人”。

罗子君妈妈早年被丈夫抛弃，独自辛苦拉扯两个女儿长大。面对抛

弃，她很矛盾。她的第一个念头是：我应该是个很好的女人，抛弃我的男人是人渣！第二个念头是：如果我的男人是人渣，我为什么要和他在一起？我都被人渣抛弃了，说明我连人渣都不如！

所以罗子君妈妈身上有着非常冲突的两面：一方面，她是个非常时髦的老太太，描着鲜艳的口红，穿着精致的高跟鞋，永远都花枝招展，四处撩人，追求高品位的生活；另一方面，口无遮拦，咋咋呼呼，浑身散发着小市民气息，爱贪小便宜又爱慕虚荣。

她一直在为自己的幸福奋斗着。一方面，她觉得自己应该是个公主；另一方面，她却被困在社会底层。

她内心有两个意象：一会儿她觉得自己是很美好的人，一会儿她觉得自己是很糟糕的人。她无法回答自己：我到底是谁？如果我很美好，为什么活得这么惨？如果我不美好，为什么我一直都不能说服自己屈就这样的生活？

这就是一个未成年孩子的困惑。

无论罗子君还是贺涵，都是在寻找失踪的自己

一个孩子，当父母对他好的时候，可以百般宠溺；如果父母不爽了，对他就可以百般苛责。最后这个孩子内心有两对父母，一对是好父母，一对是坏父母，他无法知道到底哪对才是他真正的父母，下一次面对的到底是好父母还是坏父母。

如果完全把父母当成天使，万一父母此时变成了恶魔怎么办？如果完全把父母当成恶魔，当父母用天使般的态度对他时，岂不是错过了重

要的宠爱？

这种无法整合之苦，会导致我们有两个选择：一是一头扎到关系里，苦苦求索；二是一头扎到自己的世界里，不再寻求关系。

罗家母女三人、唐晶和贺涵组合，就代表了人生这两大取向。

比如，子群的老公白光本事没有脾气倒很大，让子群低声下气到处去借钱，借不到还要嘲讽；盲目投资失败两次，每天窝在家里，还要辛苦上班的子群烧饭给他吃。

罗家母女生活在关系的纠葛之中，无论如何受伤，都要苦苦抓住救命索，不肯放手，如飞蛾扑火，九死不悔。

而唐晶和贺涵则正好相反，他们永远都要远离可怕的关系，远离可怕的依恋，远离所有的脆弱，把自己塑造成神，生活在《冰雪奇缘》里的冰雪皇宫里。

这两大取向，代表了人生两大最重要的需要：一个是依恋，一个是自尊。

前文说过，一个男人最重要的是有能力打到更多的猎物，在部落战争中收割更多的人头。能力决定他在这个部落里的地位，弱者会被整个部落抛弃，他的后代无法延续。

而一个女人最重要的是能否在部落里受到欢迎，因为她要面对的不是你死我活的战斗，而是必须相亲相爱的环境。一个在部落里没有人缘的女人，是无法在自己生病的时候得到邻居们照看孩子的帮助的。

对贺涵、唐晶来说，最重要的是他们的面子、价值、尊严，他们耗了十年，就是在等对方低头。而对罗家母女三人来说，最重要的是，是否有足够的关系获得他人的帮助，可否依恋他人。

从这个角度来看，每个人都是绝世高手，因为每个人从小都有一套童子功要练习。

贺涵、唐晶他们得到的可能是第一种父母的对待——你摔倒，就会被视为弱者，所以他们的生存成本很高——必须时时刻刻做到掌控局面，做到完美，而脆弱、懦弱、恐惧、伤心、茫然无措都被他们永远封禁。所以他们才可以在外面表现得如此无懈可击、滴水不漏。

而罗家母女三人呢？面子对她们来说永远都不是最重要的，最重要的是“关系”，没有关系，就没有一切！

在第一集，我们就看到罗子君的“抓关系，提需求”的能力。下雨了，子君因为自己的鞋子是羊皮底不能沾水，可以堂而皇之地跟闺密的男友提出绕路送她回家，尤其她还刚刚跟这个骄傲的男人“斗争”过。无论贺涵怎样拒绝，她就是一定“要，要，要”，最终迫使贺涵送她回家。

罗子君一直都是成功的索取者，在人生顺风顺水时，她的主要供养者是老公；当遇到危机的时候，她时时刻刻都要闺密 24 小时援助，甚至可以让极其厌恶她的贺涵也成为她的“大护法”，实时监控她和小三儿的谈判；离婚不久，就有实心眼的好男人老金车接车送，服务备至……

让贺涵最吃惊的是：她们怎么能要得这么理直气壮？就像是罗子君惊叹贺涵：他是什么样的人，可以永远在职场做得如此气定神闲、滴水不漏、决策于千里之外？

罗子君离婚以后，罗子君妈妈嘱托唐晶：你一定要给罗子君找下家啊——你知道的，她什么都不会，没有男人，她就活不下去，我们家罗子君好可怜啊！

在罗子君妈妈眼里，孩子的脆弱是天经地义的，孩子的强大才是不可思议的。

而贺涵的态度呢？罗子君这么“作”，有今天是活该的，她也该知道这个世界的真实是什么样了——离婚对她来说是一件好事。

很有道理吧？可是没有共情。

贺涵之所以这么强大，不是因为他真的强大，而是他隔绝了所有的脆弱。

他唯一露出马脚的时候，是绯闻女友薇薇安从香港回来，并有可能会中伤他和唐晶的关系，他慌了，连夜向唐晶求婚。唐晶立刻答应，这么多年来她一直像睡美人一样等着贺涵的这个定情之吻，终于等到了。

薇薇安的中伤还是让唐晶放弃了他们的婚姻，虽然唐晶明知这是薇薇安的谣言，但还是无法接受情感中有任何瑕疵，无法忍受任何被背叛的可能。她和贺涵在这一点上是相似的，就是拼死捍卫，决不能暴露自己的脆弱。

贺涵或者唐晶哪怕有一点儿罗子君、罗子群、白光这样的人暴露脆弱的能力，他们之间的关系，也不会如此黯然收场。

所以，强者是强者的墓志铭，弱者是弱者的通行证。

罗子君一句话就戳穿了贺涵的面具：你的人生就是要掌控，对你已经掌控的女人，你不屑娶；对你不能掌控的女人，你不敢娶。

贺涵无疑是爱唐晶的，这份爱却过于理智，相比之下，他们的爱情并不在第一位。他花十年培养的唐晶，已经成为另一个贺涵。这是他的成功，也意味着他们感情的终结。

贺涵自述对唐晶的爱，就是对一个完美作品之爱。他觉得，如果和她在一起，两个追求事业的人，就必须有一个人牺牲自己。也许大家都会期待唐晶作为女人应该牺牲一下自己的事业，但如果真是那样的话，贺涵的作品就不再完美了。

这是爱吗？这是人对“物”的爱，而非人对人的爱，是没有“关系”之爱。

真正让他们关系解体的，是贺涵做的一个测试。他和唐晶一起竞争一个项目，最终，他赢得了这场战争，但在签约的那一天，他把自己工作上的数据漏洞故意透露给唐晶。唐晶的第一选择是直接找甲方，把这个数据给对方看，希望他们停止和贺涵合作。

这是让唐晶最后悔的一个选择。因为那一刻，她就变成了贺涵：一个“精致的利己主义者”，一个永远在乎事业而不在乎人的人，一个永远都泾渭分明、事事儿拎得清、冷静如机器人的人。

她最终变成了贺涵的作品，而没有成为贺涵的爱人。

其实，**任何人都需要“依恋”，有了依恋关系，才有释放脆弱的归宿之地。任何人都需要“自尊”，有了自尊，才有价值感，才感觉到自己活着的意义。**没有人愿意永远做一个宠物，也没有人愿意永远做一个战士。

所以，当我们拼命追求一样东西的时候，也在拼命地毁灭我们所寻求的。

真正适合在一起的人，就是和他在一起之后，你会变得更好，而不是更糟。

罗子君一生最大的矛盾就是：无法独立存活的恐惧，没有价值感的空虚。她深深地厌恶妈妈和妹妹像寄生虫一样的人生，可是她也缺乏独立生活的勇气。

贺涵一生最大的矛盾是：无法袒露脆弱的孤独，害怕失去价值感后的恐惧。

据说，男人和女人是上帝劈成了两半的人，他们一生的任务就是寻找彼此，合二为一，成为一个“完整的人”。

罗子君的累，是没有价值感的累；而贺涵的累，是一直都不能休息的累。所以罗子君一生真正想要的，是一个可以把她全副武装起来的人；而贺涵真正想要的，是一个可以让他卸下盔甲的人。

人一生要谈两种恋爱，你在哪种恋爱中

我们一生大概要谈两种恋爱：第一种恋爱，叫作“保护层”之爱；第二种恋爱，叫作“疗愈层”之爱。“保护层”之爱，是为了解决生存问题的；而“疗愈层”之爱，是为了解决发展问题的。

罗子君刚刚走入社会，最急迫要面对的是她妈妈的恐惧感。在某种程度上，罗子君被妈妈塑造成家里的大救星。罗子君妈妈找不到男人来救自己，就塑造一个女儿来救自己，承载自己无法承受的希望感；然后再塑造一个女儿来救自己，承载自己无法承载的失望感。

这两个女儿代表着她的两个幻想：一个做公主，被好男人永远宠爱，一个做圣母，不断挽救无可救药的男人。这两者都可以满足她的期待——我是有价值的，我是被需要的，我是不被抛弃的，我是被爱的。

罗子君七年的婚姻，其实是给妈妈一个交代，“出色”地完成了妈妈所赋予的角色。

罗家母女三人真正想要的，不是找个差男人，感觉自己很伟大，就是找个好男人，感觉自己被宠爱。她们最痛苦的都是自己的毫无价值感。她们不怕挫败，她们的人生就是不断挫败，但她们最需要的是一个可以帮她们为挫败赋予意义、教会她们更好地活着的人。她们需要的是一个强大的“父亲”，教会她们走入这个世界，疗愈她们深深的自卑感。

罗子君离婚后，贺涵对她的帮助，从来不是替她打理好一切，而是告诉她接下来的路应该怎样走，帮着她一点一点成长起来，并且在对方最需要的时候，挺身而出陪在她身边。

贺涵和唐晶的十年苦恋，也是在“保护层”之爱中徘徊。贺涵真正想要的，是一个可以毁掉他所有防御的人，让他真正陷入混乱、不知所措、无法克制、不明所以、混沌一片的世界；是一个可以在脆弱面前无所畏惧，并且接纳和喜欢自己脆弱的人。

这是唐晶永远无法做到的。

贺涵成功地改变了唐晶，让她穿上了盔甲，但唐晶没有成功地改变贺涵，因为她骨子里就是贺涵的女版。

真爱，一定要经历一次“保护层”的毁灭，才能真正触及人生真正的目的——完成整合。

贺涵人生的目的，就是学会脆弱；而罗子君人生的目的，就是学会强大。

所谓真爱，就是让双方都能脱离舒适区，走向陌生的世界，走向我们的劣势功能，走向我们的阴影，毁掉所有的防御，真实地面对我们无法面对的，爱我们无法去爱的，接纳我们无法接纳的，告别我们无法告别的，安抚我们无法安抚的，理解我们无法理解的……

当我们可以为彼此提供这样的空间时，疗愈才会真正实现。我们才可以脱离隔离之苦，真实地完整地活着。

这才是我们彼此寻找的意义，因为光靠其中一个人的修炼，永远都无法真正地走向彼岸。

我们都是彼此的摆渡者，我们都是彼此的老师，我们都是彼此不可替代的那个贵人。而我们必须要一起浴火重生，才能真正地完结这一场情劫。

*

金童玉女式的婚姻怎样恩爱到底

我们那么长久地在一起，只是为了回避真实的自己，只是为了忘记自己是谁。

“在这世上，没有一样感情不是千疮百孔的。”是的，包括那些人人羡慕的模范夫妻。你看到的只是他们幸福的“外表”，背后其实也跟你我他一样，满目疮痍。

为什么模范情侣往往不得善终

也许，这个世上就不应该有什么模范夫妻之说。每段关系，都会有波折和问题。其实，婚姻中创伤最大的就是所谓的模范夫妻。

所谓的模范夫妻大概要满足三个条件：从高中、大学就开始青梅竹马式的恋爱，一生只爱一个人；所有人都艳羡的郎才女貌，亲戚朋友心中找对象的楷模；认识时间久远，往往超过十年。

往往这样的关系，会让我们很自恋：我们是国家免检产品，我们的情感固若金汤、牢不可破。

在常规的情感观里，只要有如下三大要件，就可以恩爱一生：

• 婚前有足够深的情感厚度：也就是家底足，我们是因为足够相爱才在一起的。

• 经历过“战火”的考验：在这十多年、二十多年的人生里，我们同甘苦、共患难，一路相互扶持才走到今天，我于你有大恩，你对我有大德，这样的情感还不是根深蒂固的吗？

• 你一定不会忍心伤害我：一日夫妻百日恩，何况我们在一起这么多年了？我们已经是共生体了，如果你背叛我，怎么会不知道这件事对我的伤害有多大？你会忍心因为一晌贪欢而毁掉我们多年的经营吗？

但现实一再打脸。为什么？

一个皇帝听说饥民因为没有粮食吃而造反，很惊讶地对大臣说：何不食肉糜？——没有粮食了，他们可以吃肉啊。

情感能否一直走下去，不是由年头、经历和道德来维系的，不是由过去情感的轰轰烈烈，以及这些年走来彼此的恩情来决定的。

这世上没有不变的人，也没有不变的心，问题在于你是否能意识到你们已经改变，你们的情感能否跟得上这样的变化，能否与时俱进。

恐龙统治了地球上亿年，但适应不了环境，照样死翘翘。

感情也是如此。

早熟男女的爱情，寻求的是安全感

有一对小情侣，在初中的时候就初尝禁果，开始恋爱了。大学四年，他们一直异地，却坚持了下来。终于，走过了十年的爱情长跑，他们结婚了。

婚礼的时候，参加的同学都很感动，这个时代这么长情的少见了。然而，三年之后，出乎所有人意料，他们离婚了，因为男人出轨。

为什么会这样？

我们先来看看他们的原生家庭。男方是单亲家庭，妈妈一手把他拉扯大。小时候家里很穷，亲戚朋友对他们也不友善。小小的他就变得很独立，学会了照顾妈妈，想将来一定要出人头地，保护这个家庭。

女方是家族中唯一的女孩，一直备受宠爱。初中的时候，她被送到了寄宿学校去学习。开始她很不适应，感觉一落千丈，吵闹着要回家，却没有成功，只能逼自己去适应这个环境。

直到后来，他们相遇了。

总而言之，他们俩的共同特征是“早熟”。

所谓“早熟”就是指，一个人在没有准备好成人化的时候，因环境所迫，不得不进入成人世界。这样的“熟”只是半成熟：有了成熟的面具，但里面还是一个懵懂的孩子。

过度早熟，就意味着在亲密关系中他们会更需要温暖，因为家里的温暖不充分，他们往往会把视野投向外界。

所以，这对小情侣 15 岁就开始谈恋爱，很早就进入亲密关系。这样的早恋和正常的青春期早恋是不一样的。

一般来说，青春期早恋是旋转寿司式的——我要试试不同型号的：青春阳光的、文静优雅的、活泼好动的——最终，我知道我想要什么类型的。这种恋爱是不稳定的，是要不停试错的，这是一种探索。

早熟男女的恋爱不是向前向外的探索，而是向后向内的寻求。他们的恋爱更像是两个人一起取暖，一起找个家，他们要的是安全感。

青春期的恋爱要更多的冒险、更多的刺激、更多的不稳定，他们要从家里跳出去。但早熟男女恋爱，则要跳回家庭，这其实就是一种母婴关系，也就是依赖的翻版。

这种翻版有三种模式：

•一方的行为，取决于另一方的需要（索取方为主导）。一个是予取予求的孩子，另一个则扮演溺爱孩子的圣母。

•一方接受什么，取决于另一方给予什么（付出方为主导）。一个是听话的孩子，另一个则扮演强力管理孩子的虎妈。

•一方负责表演，另一方负责赞赏（看起来的完美情侣）。一个会扮演永远都在舞台上的孩子，另一个则扮演不断给孩子点赞的“经纪人”般的妈妈。

很多人都会有创伤，也都会有两种方式修复自己：第一种是弥补式的，第二种是超越式的。也可以说，修复创伤有两个阶段：弥补阶段，超越阶段。

以上三种模式都是弥补式的。弥补的核心就像是童话：如果我被黑巫婆诅咒了，一定可以遇到大救星白巫婆来帮我解咒，然后一切都恢复原状。总而言之，这三种模式都是孩子与妈妈的依赖关系，特点就是：长久、稳定和唯一。

这是很多人对婚姻的梦想。有这种梦想的人会认为：只要进入这样的关系，我们就可以实现多年的夙愿。

有人希望弥补自己没有真正体会做小孩的遗憾，有人希望弥补自己妈妈不够强大的遗憾。前者可以得到很多温暖和幸福，后者可以得到很多价值感和力量感。

前面说的那对小情侣，看上去女方似乎最缺的是妈妈的安抚，而男方最缺的是家庭的自尊。所以，他们很可能一个扮演“完美的孩子”，一个扮演“完美的妈妈”，这种关系可以持续很久，直到这个需要被打破。

真正的亲密关系，靠的是交心

什么会打破这样长期稳定的关系呢？一般会有两种可能。

首先有可能是人变了。

为什么孕期成为男人出轨高发期？总是做“妈妈”的妻子，有了自己的孩子以后，一直做“孩子”的丈夫就会有一种无法言说的被抛弃感——他还没当够“孩子”，却有了一个弟弟——他的儿子，一个竞争者。

他必须表现出作为成熟男人的快乐：我要做爸爸了。但其实他内心是恐慌的，要再次面对被自己所爱抛弃的恐惧。于是，他很可能会再找一个“妈妈”，也就是找个女人，用出轨来攻击妻子。

另外也可能是心变了。

为什么当初陈俊生和罗子君互相吸引？因为一个需要依靠，一个需要被依靠。陈俊生说，我养你。罗子君欣然答应。一个满足了自我价值感，一个满足了安全感。

可是，后来陈俊生变了。他已经完成了自我价值的原始积累，已经赢得了很多男人渴望的地位，想要的是一个可以依靠的女人、一个可以仰视的女人。罗子君跟不上陈俊生的“需要”了。

这时候，他的价值感已经无法给他们人生动力，也无法给他们更多的满足感了，被压抑的情感需要就会慢慢成为主流。

这就是为什么男人“一有钱就变坏”的原因之一。

很多男人是通过否定自己的脆弱和情感的幼稚，装作强大去混世界，一旦他们感觉到安全，也没什么可追求的时候，就会把自己的创伤露出来。此时我们才会发现，原来他们是如此幼稚和荒诞，原来面具下的他们是如此幼小如孩童。

陈俊生不需要再为别人负责，做所有人的“父母”。他想要冒险，而非安全。

离婚后，罗子君也不想再做“孩子”了，想靠自己的能力养活自己，脱胎换骨，完成一个女人真正自信的过程。

也就是说，他们都长大了。当然，并不是说离婚才会长大。当我们长大后，才会来到修复创伤的第二阶段：超越阶段。

真正的亲密关系是“交心”。

也就是说，之前的“假性亲密关系”其实是我们的共谋，我们通过扮演“孩子”和“妈妈”，来回避我们面对创伤的恐惧。我们害怕暴露自己的脆弱，害怕一旦真正打开自己就会面对伤害和抛弃。

我们努力扮演“完美的孩子”和“完美的妈妈”，其实就是用面子取代里子，因为在我们过去的创伤中，那个充满了悲伤和欲望的孩子从未被周围的环境接受，我们也就抛弃了这样的自己，努力忘记。

我们试图让别人替我们做自己不敢做的事情，来回避这些无法承受，也无法应对的焦虑和恐惧。

我们不知道，我们那么相爱，其实都是一场骗局；骗自己相信，如果我们在一起，那些痛苦就可以消失。

我们不知道，我们那么长久地在一起，只是为了回避真实的自己，只是为了忘记自己是谁。

我们不知道，其实那个被忘记的自己一直都在影响着我们，随时准备破土而出，渴望被发现，如果你拒绝，他就让你摔跟头，来意识到他的存在。

我们不知道，我们那么渴望安全，但其实又那么厌恶这种所谓的安全，因为充满了虚伪和压抑。这种所谓的长久关系，其实扼杀了我们的核心需要——真正被爱。

这种真正的被安抚、被理解的需要，是如此诱人，也是如此可怕，以至于我们害怕一旦吃下它就会被它吞噬，被它伤害。过去千万次的伤害已经让我们形成了条件反射，对真正的脆弱，我们畏之如敌。

所以，我们会进入一段长期关系，然后再用一段短期关系来破坏，我们用一个骗局或者一个童话，来替代另外一个童话，因为我们无法处理真正亲密的恐惧。

只有真正消化了这种恐惧，我们才能真正理解更深层的彼此，找妈游戏才能终止，逃跑式的出轨才会真正终结。

*

相爱不是爱的开始，相杀才是

因为真实，所以相杀；因为真实，所以成长；因为真实，所以真爱。

婚姻是爱情的坟墓吗？

婚姻不是爱情的坟墓，而是幻想的坟墓。

幻想就像我们饿肚子时的食欲，越是饿，食欲就越旺盛，当吃饱的时候，就算是走过再好吃的饭馆，闻到再诱人的菜香，也会“无欲则刚”。

一个人的幻想越大，就说明在现实层面他越是饿肚子和贫乏；而幻想也是爱情的主要因素，因为有了幻想，爱情才会有那么多的光环，才会那么诱人。

一个吃饱的人和一个饥饿的人之间是不可能有那么多火花的，只有两个饿急眼的人一起吃饭才会觉得吃得格外爽。

一个女生，从小就生活在被忽略的世界里，父母每天必做的功课就是吵架。有一天她被同学打破了脑袋，流了好多血，她妈妈看了一眼给了她一张纸，让她擦擦。后来还是邻居家大婶发现她的血流太多了，力主去医院，最后缝了七针。她妈妈还觉得她不懂事，浪费家里的钱，用指甲狠狠掐了她一顿。

她唯一可以应对这样的世界的精神食粮就是一本叫作《宝葫芦的秘密》的书。这个童话中的一个情节是：王葆幻想得到一个宝葫芦，可以不费力气得到一切；一天他的愿望实现了，心里想要什么就有什么。

她常幻想有一个白马王子把她带走，从此她可以远离这个充满了冷漠和争吵声的世界。高考填志愿的时候，她填了一所离家比较远的大学，为的就是尽量远离这个让她深恶痛绝的地方。

然后她认识了一个男生。男生是个花花公子，她却成了他猎艳生涯的终结者。有一天，她脚后跟被不合适的皮鞋磨破了，把袜子都染红了，她都不理会——从小练就的功夫就是对自己的痛苦无动于衷。

男生看不下去了，立刻买来邦迪和红药水，用消毒纸巾帮她擦去血迹，涂上红药水，轻轻地贴上邦迪；她呆呆地任由他为自己包扎伤口，眼泪默默地流下来，就是这一瞬间，她爱上了他。

男生当初追她，无非就是猎艳，但他发现铁石心肠的自己，唯一无法忍受的就是她的眼泪，每当她哭泣的时候，他的心都碎了。他没法离开这个女生了，他们俩的心好像连在了一起。

和这个女生一样，他也有一个冷漠的家，只不过他的家就像是一座坟墓，父母像动物一样活着，家里的狗叫声是唯一的声音，其他时候，就是吃饭、睡觉、干农活，再吃饭、睡觉、干农活……

很早的时候，他就开始和外面的世界接触，甚至有时睡在邻居家。作为孩子，他本能地想要靠近有温度的家庭，每当此时父母就勃然大怒，会把他拎回家打一顿。那时候他最喜欢的就是可以变身的变形金刚，渴望自己也可以不断升级换代成为更强大的英雄，让所有人仰视。

初中的时候，他上了寄宿学校，从此好像和家就断了线，甚至春节他都不愿意回家。在外面的世界里，他可以成为所有人喜欢的人物，老师很宠爱他，同学很喜欢他，他谈着眼花缭乱的恋爱，学习成绩一直很好，但是他心里其实一直都没有根，就像是浮萍一样漂泊着。直到看到这个女生，他好像找到了家。

他们俩深深地相爱了，就像两只无家可归的树袋熊紧紧拥抱在一起。

女生的世界里，她的痛苦因为有邻居家大婶的不断怜惜而可以呈现出来。也就是说，当她哭的时候，虽然爱是缺乏的和延迟的，却是可以得到一些爱的。她的主要情绪就是委屈：为什么别人家的孩子都可以得到正常的爱，而我却不能。所以她认同了作为孩子的立场，觉得做孩子的她没有错，错的是父母。所以她在亲密关系中就会一直想要去找妈。

男生的世界里，他的邻居、老师虽然也会给他很多爱，但对他来说，这些爱会让他感觉到耻辱。因为在他父母看来，他这样的行为其实是暴露了他的软弱和娘娘腔的一面。换句话说，他否定了父母，也否定了自己作为孩子的立场，而认同了一个幻想中完全强大的自我形象——我不需要父母，也不需要做孩子，我自己就是自己的父母，我就是无敌的，我可以摆平和搞定一切！

这种虚幻的强大感，帮助他度过了那些黑暗而脆弱的岁月。

每个人一生都面临着选择。这些选择是我们在面对现实的时候要做出的。

婴儿的世界好像是在悬崖上；成人的世界，是在悬崖下；从悬崖上来到悬崖下，就是我们所说的成长。

一般有两种抵达悬崖之下的常见方式：

• 直接跳下去——那就摔成了挫败者，把自己的自我和精气神、人生的追求全都摔死了。

• 找一条足够长、足够结实的绳子，或者干脆不断在山上凿出台阶，一步步地过渡着来到山脚下。

此外，还有第三种方式，就是干脆不下去了，一直待在悬崖上，停留在梦幻里。

什么时候，我们会选择第一、第三种方式？什么时候，我们会选择第二种方式？如果我们的环境可以有一个过渡性的时空帮助我们，就会选择第二种方式，否则，就只能选择摔下去或者留下来。

比如，这个女生的父母还是吵架，但吵架完了可以对女生表达一些基本的共情：孩子，爸爸妈妈很抱歉，又吵架了，你说说你有什么感受？爸爸妈妈对你的难过很抱歉啊，你看爸爸妈妈给你什么补偿好呢？

这就是基本的台阶和基本的软垫子，让孩子虽然摔了，但不会摔痛。

所有的难以成长，都是因为我们过去的成长经历有太多第二次伤害了。

什么是第二次伤害？

比如这个女生：她的第一次伤害是父母的争吵，第二次伤害是父母争吵完了，看着她哭更不耐烦，甚至拿她当替罪羊：去去去，哭什么哭？我已经够烦了，你还在添乱，再哭我抽你啊！

这样的话会让孩子在受伤的时候再被补刀。这种补刀的经历叫作创伤。**创伤 = 受伤 + 非安抚性的环境。**

女生的选择更像是第一种方式：她选择让自己处于摔下去的伤痛之中，一直都在默默寻找一个拯救者，可以帮她重新拥有童年所失去的那些安抚。

男生的选择更像是第三种方式：他选择留在幻想的世界之中，放弃了所有做孩子的权利，因为做孩子让他感觉到痛苦和无力，他想成为一个永远的强者，一个失去了人性阴影的人。

女生需要被爱，来补偿她小时候被剥夺了爱的痛苦。

男生需要爱，以此补偿他小时候被认为自己毫无价值的痛苦。

男生给女生爱，可以得到价值感；女生可以由此弥补小时候被剥夺了爱的痛苦，感觉到被娇宠的快乐。

这个情感合约成立的时候，双方的爱当然是满足的，充满生命力的。

那么，他们什么时候会相杀呢？

一开始男生之所以被女生吸引，是因为女生可以做到他一直都无法做到的事情：哭泣——展现自己的脆弱和孩子气的一面。

他一直都苦苦压抑着自己孩子气的一面，就像一个人明明很饿了，还要装作不饿一样，孩子气对他来说变成了致命的诱惑。所以最安全的事情莫过于他和这个女生在一起，由女生替他表现出孩子气的部分，他就可以安全地和自己“内在的孩子”在一起了。

这就像一个爸爸给孩子买玩具，总是买自己喜欢的玩具，说是为孩子买玩具，其实只是满足自己的需要而已。

爱情其实就是一个“李代桃僵”的游戏——就是一场彼此替对方承担其无法承担的角色的游戏。

女生可以帮男生承担脆弱的小孩的角色，因为他无法承受自己的脆弱。男生可以帮女生承担强大的拯救者的角色，因为她不愿意做一个成人。

在幻想中，悬崖下的人，希望有一个拯救者可以带她回到悬崖之上的天堂；悬崖之上的人，希望有一个承受者，可以替他承受所有悬崖之下的痛苦。可是时间久了，男生的“内在小孩”会发现自己上当了：你以为把那个女生当成我来喂养就让我解馋了吗？我还是饿着呢！你老是喂她，我呢？

男生的独立自我也生气了：你天天做个“好妈妈”喂养她，我呢？原来你没有认识她的时候，我想做什么就做什么，现在呢？你的世界完全被她占据了！

慢慢地，男生开始以工作为名，想要恢复过去属于自己的独立时光；他更想和女生保持一些距离——他潜意识里害怕自己的脆弱会暴露出来。那时他的强大外壳，就会被这些脆弱的自我击得粉碎，他就会面临崩盘的危险，所以最好还是离他内在渴望的依恋的爱远一些。

也就是说，情感的合约遭到了挑战，一是男生的事业开始发达，他的很多价值感可以从事业中获得的时候；二是女生开始成为人妻，发现要承担很多成人的责任的时候。

男生不那么需要价值感了，因为他的需要被极大地满足了。而女生则还需要很多娇宠，她根本不想做成人，甚至可能暗暗嫉妒自己的女儿可以从丈夫那里获得爱——她小时候被剥夺的痛苦，就会再次经历一遍。

一方不需要了，另一方反而需要更多，更重要的是，此时这个男生开始产生新的需要了：在亲密关系中，为别人付出拥有价值感，对我来说已经不重要了，重要的是，我现在也想做一个“孩子”。我希望我的老婆可以关心关心我，我也想在关系中找一个真正爱我的“妈妈”。

而此时女生的“内在小孩”也生气了：以前你工作没有那么忙的时候，你生活的重心是我，现在有了事业、有了孩子，我在你的世界只能占不到1/3的份额，不行，我要你给我更多!

其实女生是一个超级能忍耐的人，会有意识地压抑自己的需要，为此会有非常多的委屈：我都如此压抑自己的需要了，为什么你还是那么疏远我?

在内心深处，她可能不太会相信，自己真的能幸福地生活在爱的光辉之下。就像西藏人来到低海拔的地方会醉氧一样，她可能比较适应那种幸福含量不高的生活。于是两个人“默契”地维持着他们熟悉的“低浓度”情感。

最终他们还是失望了：因为悬崖下的人没有等到能真正把她带到天堂的拯救者；而在悬崖上的人，没有人可以接受他的脆弱，让他敢于来到真实的生活。

这样的两个人，作为他们婚姻的核心目标无法实现，婚姻就只剩下一具空壳了。他们在一起表面上是在寻找残缺的自己，其实只是想找到一个过渡的空间，让自己可以完整。

真正的完整，不是靠两个人在想象中变成连体人，而是通过真正地从对方身上学到自己所残缺的本领来完成的。

当双方发现想象中的融合无法替代内在需要的时候，婚姻也就到了转折时期。向左走，就是继续幻想下去。向右走，就是继续成长下去。

人的一生，一般会经历以下三部曲：

• 我们在原生家庭中发现生命有残缺，人生有遗憾。

• 我们幻想在新的亲密关系中找一个人做“父母”或者“孩子”来弥补自己的缺憾。

• 我们学习对方的能力，内化对方的品质，让自己真正完整起来。

这三部曲简而言之就是：缺憾→替代性满足→内化。

很多人只有前面两部曲。比如向左走，找下一个可以替代性满足的人。比如妻子找到了孩子，把孩子培养成为安慰自己的贴心人；丈夫找到了工作或者小三儿，在工作或者小三儿面前可以为所欲为，拥有强大的掌控感，或者干脆离婚，期待下一个女人可以满足他残缺的需要。

替代性满足的特点，就是人身依附关系，非你不可，没有你，我就没有可能满足这个需要。这其实就是母婴关系的缩影。

如果是三部曲，就会进入到内化的世界。

那么，这个女生就要肩负起对自己的伤痛负责的力量，需要检讨自己：我为什么总是扮演“受害者”的角色？在婚姻的危机中，我承担什么责任？为什么在婚姻中经常看到的是我的需要，而丈夫需要我的是什么呢？如果他只是需要我的眼泪，难道我们要一直通过痛苦才能有深层的连接吗？为什么我不愿意做大人，是不是因为我不愿意哀悼自己已经失去的童年？这种“希望有人做我父母”的情结对我的人生有怎样的影响？我怎样才能从不断的“猴子捞月”的幻境中走出来呢？

这个男生也要担起对自己的伤痛负责的义务：为什么我在情感中总是怜惜对方？为什么我总是喜欢说“无所谓”“还可以忍受了”“还可以啊”这样的话？我的需要在哪里？为什么我从未提出过在亲密关系中的需要呢？我是一个对脆弱免疫的人吗？为什么我在关系中没有办法找到自己的掌控感呢？如果我提出自己的需要，我害怕的是什么呢？

没有好奇的人生，只是本能的人生，而非有选择的人生。对自己的行为模式和思维模式提出质疑，才是成长的开始。

总的来说，亲密关系不是最好的过渡性的空间，因为这样的空间很容易被幻想的毒素污染。一份爱，如果能有一个过渡性的空间来承载双方过去未能承受的痛苦，这份爱真的可以说是超级伟大的爱。

相爱，不是爱的开始，相杀才是爱的开始。

因为真实，所以相杀；因为真实，所以成长；因为真实，所以真爱。

人的一生，需要太多对自己和对命运的理解，就像攀岩高手，他所有的摔落其实都在提示，生命的真相就在这里。有时，不是我们不理解，而是我们真的不想去理解。而成长，就是去欣赏我们的真实，在真实中发现美，就像是在幻想中发现美一样。

*

如何判断一段婚姻有没有救

婚姻关系的挽救也是有窗口期的，有些时机一旦错过，再想挽回就要耗费很大的成本，也未必会成功。

“尸化”，是一个恐怖的名词，但它实在太形象了：一个人在情感世界已经成为僵尸，他的精神能量已经完全从关系中撤回，不再对你有回应。简而言之：心已死。

一个人是如何对婚姻死心的

大概经过如下五个阶段：红化→黑化→渣化→石化→尸化。

1. 红化

“红化”发生于情感最高潮。比如此时我们会从一个“凤凰男”身上看到负责和上进的男子气概，可以从一个“妈宝男”身上看到他的有趣和可爱，可以从一个“出轨专业户”身上感受到难以抵御的男人魅力的诱惑，或者可以从一个“软男”身上看到温暖的味道。

这种红化叫作“理想化”。

我们对对方的理想化程度，来自我们的缺损程度和饥饿程度。

相传，朱元璋少时家贫，从没吃饱过肚子，常一整天讨不到一口饭吃。有一次，他一连三日没讨到东西，又饿又晕便在街上昏倒了，被一位路过的老婆婆救起带回家，他由此吃到了老婆婆做的世间至美“珍珠翡翠白玉汤”。其实，不过是一点剩米饭加上一小撮菠菜、一点豆腐块而已。

当饿到极点的时候，我们不仅会扭曲现实，还会迫不及待地在任何看起来符合的人物身上安插我们的理想角色，希望从此让童话接管现实，最终却发现，一切是误会。

如果我们曾有非常让人遗憾的过去，可能就会希望在婚姻中得到过度的补偿。比如，一个从小就痛恨父亲、非常软弱的女人，长大后可能会特别渴望看到一个强大的男人。如果她的渴望实在太强烈，就没有办法耐心地去区分这个强大的男人是外壳的强大还是内心的强大。她有可能和一个“外强中干”的男人一拍即合，误以为这个世界真的有魔法。

如何辨别你的红化程度呢？这要看你们的关系是否有“见证奇迹”的时刻，或者“天上掉下个大馅饼”的事情发生。

比如，一个从小就渴望一个强大男人保护的女人初入职场，正当她两眼一抹黑的时候，一个非常有经验的成熟男人忽然出现在她身边，然后他们就进入一场天雷勾动地火的爱情。她既得到了他事业上的支持，也得到了童话一般的爱情。

这样的故事，多半让人怀疑，因为它太完美了，凡是特别完美的故事，往往都会有隐藏的“暗黑故事”埋伏在后面。

2. 黑化

有一天，这个女人发现自己强大了，这个男人已经不能指导她了，她的职位甚至已经高于他了。她发现这个男人的强大后面有很多让她看不上的地方。这时，她会面临一个童话的终结，她居然在这个男人身上发现自己一直避之不及的脆弱和无能。

“凤凰男”暴露出自卑和土气了；“妈宝男”原来如此依赖他的妈；“浪漫男”居然可以跟那么多女人调情；“软男”原来不是对我一个人温暖，其实他就是一大暖气……

此时，我们往往又会把一个人往非常极端的坏处想，给他烙上“凤凰男”“妈宝男”“渣男”“软男”标签……这些都是黑化一个男人的方式。

无论是红化还是黑化男人，其实都意味着一个女人没有走出童话世界。童话世界不是蓝精灵就是格格巫，没有中间派。而现实中，任何一个人都是多面体，但在极端的状况下，我们会把一个人完全涂黑。

男人以男人的方式理解女人，女人以女人的想法解读男人，然后和自己的假想敌作战，直到有机会把误解澄清的时候，才会恍然大悟。

比如很多女人都会抱怨：为什么你不会跟我说心里话?

男人却说：我已经说了啊。

对女人来说，心里话意味着每时每刻的所思所想。而对男人来说，这些瞬间的思绪是要摒除的，他们往往认为表达自己的情绪是一种脆弱和无能，所以会自动过滤掉这些“无用”的想法，而将干货给女人：还好吧、挺好的、没事儿啊。

但女人会认为男人是在敷衍她，于是就产生更多的怨怼——黑化由此产生了："他的心根本没跟我在一起，他真的在乎我吗？真的爱我吗？如果爱我，为什么不跟我敞开心扉呢？"

然后男人也开始黑化这个女人："她想控制我，为什么让我事无巨细地说？我要自由，我要独立，她整天盯着我不放，我要逃跑！"

在这一刻，他们的关系开始被涂黑。女人把男人黑化了：他就是个冷漠的自恋的人，他正在离开我；男人把女人黑化了：她就是一个不可理喻的疯狂的人，她正在控制我……

这个时期盛产的是误解的纠缠，会造成各种痛苦的争吵。我们发现，越是想要挽救婚姻，我们就越受伤，就像是两只想要温暖的刺猬，越是靠近，越扎得疼。

3. 渣化

伤到一定程度，我们就想要解脱了。女人会想："既然他是这么一个人，我又何必努力？"男人也会想："既然她总是说我渣，那我干脆就渣好了。"

这时候我们还是会黑化彼此，只不过，上一个阶段我们的黑化是为了挽救关系，而此时的黑化是为了纯粹伤害对方或者是潜意识想离开对方的一个预备动作。

比如，此时如果一个男人为了离婚，可能会故意做出各种无底线冷暴力的事，会不惜用两败俱伤的方式逼迫女方松开手，这样他就自由了。

4. 石化

如果有人能忍受如炼狱一样的痛苦，就可能进入石化的阶段。这个阶段其实是如同植物人一般的阶段。

也就是说，双方已经“作”够了，不是不想斗，而是两个人都已经用尽了所有力气。要么双方都想结束了，可是还剩下最后一丝留恋；要么一方还没撒手，而另一方也没有力气离开了。他们都在默默等着命运和时间的判决，等着最后的弥留。

一个常见的情境，就是在死一般寂静的房间里，双方已经完全像石头一样，或者已经视对方如无物了，他们甚至开始觉得一个人的生活蛮好的，反而不适应两个人的生活了。

想象一下这样的画面，我心里都发凉，像两个行尸走肉在一个屋檐下飘荡。

5. 尸化

这其实就是关系真正的终结，就像逃亡多年的死刑犯被捕后那样，双方可能都会松一口气：“终于结束了，我终于可以不用被反复折磨了，可以解脱了。”

如果婚姻处在这些阶段，该怎么办

1. 如果你的婚姻在红化阶段

如果是淡红，没关系，因为你有现实的能力，你喜欢童话，但不会沉迷于幻想。

如果是深红，就说明你的婚姻可能有“癌症体质”，你最好把你的内伤养好，让自己把投注在幻想世界的愿望回收到现实，客观、真实、接地气地生活。

2. 如果你的婚姻在黑化阶段

如果你的婚姻在黑化阶段，一般用的主要道具是“奶瓶”——给对方以理解，“膝盖”——用来展现脆弱，“蜜糖”——给对方以肯定和欣赏，或者少许“烈酒”——展现足够的诱惑力和力量。你不需要用“绳索”——过多的要求和条条框框，“匕首”——强硬坚守自己的利益，或者过多的“烈酒”。

总之，你需要培养的主要是亲和力、亲密能力，也就是让你和对方在一个比较安全和接纳的气场中交流，澄清彼此的误解，满足彼此的需要。你不需要太多的挑战。

此时虽然你们之间也有对抗，但双方对这个关系的主要方向还是争取，他还期待从关系中获得核心需要的满足。这个时候，你们的利益是一致的，只是因为你们的误解，让双方都受伤了。

你需要在理智上，清楚男人和女人不同的思维模式；你需要在情商方面，学会有效地处理自己的情绪，以及在沟通中更有影响力。也就是说，你需要学会的更多是“容器”般的能力：更好地理解自己，更好地理解对方。

3. 如果你的婚姻处于渣化阶段

此时，很多挽救婚姻的人往往会走入一个误区，希望用取悦对方的方式来挽救，会用很多亲和力、亲密感的道具："奶瓶"——把对方当孩子，无原则地原谅对方；"膝盖"——把自己当孩子，把头低到尘埃中去；"蜜糖"——假装什么都没发生，讨好对方。

或者会过度地使用力量感的道具："绳索"——把对方完全捆成粽子，自己则成为福尔摩斯来监控对方；"匕首"——大闹天宫，闹得满城风雨；"烈酒"——激烈地争吵又疯狂地做爱，但一切都没有改变。

这个时候，挽救婚姻的要求就更高了：

状态要非常稳——因为在恶性的交流中，双方都很容易被对方的机关枪伤害，你需要有超强的恢复能力，也要对对方的招数了然于心，了解对方的套路，并能做出合适的预判和应对。

用力要非常准——力量感的道具要用得非常合适，很多时候一旦有误差，就会容易变成真正的伤害。它应该是你的威慑性的力量，但不应该是你真正使用的武器，就如同拥有了核武器，但千万不能使用它。

心要非常狠——很多女人在此时会很恐惧，因为大棒式道具，也就是力量感道具的使用是有风险的，而且也会有副作用，就像化疗会杀死癌细胞，也会杀死健康的细胞一样。

此时，你要有强力的干预，否则恶性情感的癌细胞扩散是无法停止的。

4. 如果你的婚姻处于石化阶段

这是一个更艰难的阶段，因为双方都已经精疲力竭了。

在渣化阶段，婚姻的挽救方往往还有一定的动力。但在石化阶段，即使是挽救方，想放弃的意愿也会越来越强烈了。

此时，你需要的很多道具要反过来用在自己身上。也就是说，对婚姻挽救方的创伤修复是第一位的。因为此时做任何努力都是一种奢侈，就像癌症晚期，各种疗法都回天无力，此时最重要的是调养身体，照顾受伤的心灵，留得青山在，不怕没柴烧嘛。

5. 如果你的婚姻已经在尸化阶段

这时要处理的往往就是“临终关怀”了。

我们能讨论的是如何处理离婚的过程，以及之后的生活安排，如果内心的受伤感有效缓解了，我们可以想一想为什么会在人生中遭此一劫？这其实就是反思它和我们的人生剧本、我们的内在信仰模板与思维模式有什么关系？

认真觉察领悟一下，在这次“灾难”中，你的潜意识是不是起到操纵者和导演的角色？如果是这样，你需要尝试修正这样的悲剧剧本。除非你愿意总是如此悲情地活着。

需要提醒的是，在很多人都以为毫无希望的时候，往往会因为情绪过度黑化而夸大危险，强烈的恐惧会让人丧失理性，做出不当反应，将很多萌芽中的希望扼杀掉。所以找到一个有经验的向导是很重要的，他可以帮助你看到很多你忽略的林间小路，帮你从迷宫一样混乱复杂的关系中走出来。

婚姻关系的挽救也是有窗口期的，有些时机一旦错过，再想挽回就要耗费很大的成本，也未必会成功。

很多时候，我们不经历一些挫败很难“长大”，只是希望每个人能把这个过程当一场蹦极来玩，而非坠崖。

*

懂得绝情，才能真正地深情

人生就是一种悖论，就像你永远无法解开的一个线团。

人一生的努力，就是为了解开一个线团

总有人问我：道理我都懂，可就是不知道如何才能做到？

如果我问：你的困难在哪里？

一般来说，会有两种悖论扔过来：

• 第一种悖论是：前半生要对父母负责，后半生要对丈夫和孩子负责。如果我想要有自我，就要抛家舍业——丈夫，咳，也就算了，但是孩子，他是无辜的，如果我狠心离开，那么他多可怜啊。

• 第二种悖论是：如果我想要有自我，就要成为这个世界上最容易被毁灭的小白兔，我都这个岁数了，没有男人会爱我——如丧家之犬，无处安身。

前者害怕毁灭他人，后者害怕被人毁灭。前者是内疚感作祟，后者是恐惧感在威胁。

总的来说，两者其实是一回事儿。因为所有的内疚感，都来自我们对关系毁灭的恐惧。一切害怕让父母伤心的孩子，其根本都是害怕父母倒下以后，自己就没有人爱了——其实还是恐惧。

人生就是一种悖论，就像你永远无法解开的一个线团。

公元前333年的冬天，亚历山大大帝率领马其顿军队进入亚洲的哥丹城。在城里，亚历山大听到一个著名的预言：城中有一个非常复杂的"哥丹结"，谁能够打开它，谁就能成为亚细亚王。

亚历山大尝试了几个月，也无法找到解决的方法。最后，他用最简单的方法——一剑劈开线团，解开了这个结。

为什么大家都想不到这个方法？因为总是害怕毁灭。

我们每个人的成长，就来自对于悖论的拆解。

电影《姐姐的守护者》给我们呈现的，也许是这个世界上最难解开的线团之一。它的情节很简单。

安娜的姐姐凯特很小就罹患白血病，父母为了给凯特治病，通过先进的基因技术生下了与凯特基因完美配型的小女儿安娜。

从第一管脐带血开始，十几年来，安娜不断地向凯特捐献出脐带血、白细胞、干细胞、骨髓……直到凯特的肾功能衰竭，父母要求安娜捐献一个肾脏给姐姐。无法忍受再被当成"药库"的安娜决定反击，她卖掉爸爸送给自己的金项链，找到律师，她要控告父母，要夺回她的身体使用权。

在这个故事里，所有人都在悖论的线团中。

“你真的不想捐肾给你的姐姐？”

安娜的悖论是：不捐，她是杀死姐姐的凶手；捐，她就是杀死自己存在感的凶手。如果姐姐没有患病，她可能根本不会出生；她的存在就是成为姐姐凯特的备用零件。

对安娜而言，她存在的意义，就是不要存在。

她想让父母明白：我也很重要，我不是姐姐的“药库”，不是备用人肉电池，不是永远的次等公民，我也是父母的女儿，我需要同等的爱。

但是，她要和母亲对簿公堂的时候就应该清楚：一旦开始说“不”，她就失去了存在的意义。父母因为一个理由孕育她，那个理由最好一直存在，要是不存在了，她似乎也没必要存在了。

在妈妈心中，她会成为一个杀死自己亲生姐姐的凶手，一个见死不救的冷血的孩子。让妈妈十几年的泣血努力毁于一旦，她有可能永远失去妈妈的爱，永远带着毁灭性的内疚活下去。

活着的意义，是为了解决父母没有解决的难题

有人说：“孩子是父母工厂里的产品，孩子出生的理由成为他们一生中努力的主题。”听到这句话，当时心头一惊。人生阅历越深，越觉得这话残酷和真实。

《那年花开月正圆》这部剧里的沈家大少爷和二少爷，一个是父母眼中的好孩子，一个是吃喝嫖赌的浪荡公子。只是因为他们各自被父母赋予的人生主题不同而已。一个被赋予了把家庭发扬光大的正能量主题，

一个被赋予了把家庭败光花净的负能量主题。

任何人都有这两个主题，要么想要有价值感，要么想要有幸福感，当两者产生冲突的时候，我们就分别赋予自己的孩子，让他们来继续面对这个未解之谜。

当沈家大少爷死于非命以后，二少爷的好日子就到头了，于是他日益主流化，日益成熟，他存在的意义发生变化，他的人生也开始有所不同。

安娜和凯特这对姐妹，也分别代表着妈妈心中悖论的两个方向：一个方向，喂养他人；另一个方向，喂养自己。

为了拯救女儿的生命，妈妈牺牲了大好职业生涯，牺牲了大好青春年华，不得不一直生活在女儿的生死边缘，看着女儿一直衰竭下去，没人不会痛恨一个剥削了自己十几年的人，哪怕是自己的女儿。

但她又怎能眼睁睁地看着女儿死？她能说“去死吧，你这个该死的可怜虫，因为你，我的人生只有揪心的痛苦和无休止的焦虑。你死了，我就解脱了”吗？

一个是不断需要被照顾的自己，一个是不断需要解脱和自由的自己。无论依从哪个自己，另一个自己都会被牺牲。

安娜和凯特的故事，电影和小说是不同的结局。

小说的结局：妹妹最终把官司打赢了，但随后丧身车祸，最终她的器官还是捐给了姐姐，姐姐从此成了健康人，过上幸福的生活。

电影的结局：其实妹妹打官司是姐姐的授意，因为姐姐已受够这种像一块肉、反复被妈妈切割的生活，她想解脱。但她知道除非用此极端方法，否则无法撼动已经疯魔的妈妈。最后，凯特拒绝了妹妹的捐献，自然死亡，妹妹终于解脱。

其实这两种结局，都是妈妈的一个自我战胜另一个自我的故事。

第一种结局，妹妹虽然想努力改变妈妈对自己的定义，但最终，她找到了一个妥协方案：赢了官司，但把生命还给了妈妈。

她还是没有走出悖论：就算全世界的人都承认我是重要的，我却失去了妈妈的爱。不如我用这个方法既打败了妈妈，又迎合了妈妈。这样，我就可以两全其美了：我不是一个毫无自我的肉块，而是一个值得妈妈尊重的肉块。

但是，无论电影还是小说，都没敢呈现第三种结尾：安娜最终打赢了官司，凯特因为没有得到捐献而死亡，妈妈从此和安娜形同陌路，甚至视若仇敌。其实，这样的结局更常见。

一切悖论都是这三种结局：

- 一方暂时打败另一方。
- 永远地分裂。
- 分裂的双方得到了整合与和解。

在电影中，当妈妈知道一切都是自己一心要拯救的女儿设局的时候，非常震惊："你为什么不直接跟我说你不想活下去了？"

家里其他人异口同声："她已经说了千万遍了，可你就是听不见！"

最后，妈妈在凯特怀里像婴儿一样哭泣。凯特抱着哭成一团的妈妈，完成最后的告别。

两个女儿都做到了妈妈一直未做到的事情，大女儿绝情地告别了她，小女儿也绝情地拒绝了她一直要扮演的角色。

真正的深情来自清爽的绝情

绝情，绝什么情？绝的是父母投过来的“钩子”。

当一个人真正长大的时候会发现，父母也不过是旅客，终究会在某个车站下车。我们要完成的，不只是和父母肉身的告别，更重要的是要和父母精神之身的告别。

凯特用死告诉妈妈：对不起，我不想承担被你拯救的、脆弱的、病小孩的角色了。

安娜用打官司告诉妈妈：对不起，我不想成为你作为拯救者的道具和牺牲品了，你愿意牺牲，我不愿意。

放下，不是两手空空，而是当你放下手中的一切，才有可能拿起新的东西。新的东西是什么？是我们的自我，是父母未完工、留待我们完成的可能性。

我们需要面对父母不能面对的，拒绝父母不能拒绝的，追求父母不能追求的，这才是我们存在的终极意义。

从这个意义上讲，你是忠还是叛，你是远离还是靠近，都和父母的某个部分牢牢地焊接在一起。

在情感世界里，“关系”和“自我”该如何平衡？如果追求“关系”，而失去了“自我”，或者追求“自我”，而失去了“关系”，该怎么办？

那个疯狂的妈妈想要拯救奄奄一息的孩子；那个不肯接受自己的孩子，其实已经不堪重负；只是为了满足自己愿望而苟活的妈妈，其实不是在救孩子，而是在救自己。

她不能接受分离，不能接受丧失，不能接受有缺憾的人生，所以她需要全家来牺牲。丈夫跟着她，已经到了要离婚的边缘。儿子有阅读障碍，却无法得到父母的帮助。大女儿为了妈妈，忍受一次次手术的折磨。小女儿为了姐姐，要随时准备着捐献自己的器官，活在被忽略的世界里。

这一切，只是因为妈妈害怕丧失。

从这个角度上讲，这个世界上唯一的真爱，就是我们要学会面对之前不敢面对的自己，而不是像多米诺骨牌一样，不断靠着把他人当作炮灰，来防止自己面对人生的阴影和恐惧。

龙应台在《目送》中这样写道："所谓父女母子一场，只不过意味着，你和他的缘分就是今生今世不断地目送他的背影渐行渐远。你站在小路的这一端，看着他逐渐消失在小路转弯的地方，而且，他用背影告诉你：不必追。"

真正的深情来自清爽的绝情。

一次龙应台上厕所的时候，下意识地问儿子："你去吗？"

儿子从杂志中抬起头，严肃地说："你跟我说话的语气跟方式，还是把我当 14 岁的小孩看待，你完全无法理解我是个 21 岁的成人。你给我足够的自由，是的，但是你知道吗？你一边给，一边觉得那是你的'授权'或'施予'，你并不觉得那是我本来就有的天生的权利！你到今天都没法明白：你的儿子不是你的儿子，他是一个完全独立于你的'别人'！"

当孩子可以理直气壮地和父母分开而不恐惧、不内疚的时候，就说明他内心已经内化父母那饱满的爱了，他可以独立了，因为他心中已经有父母之爱了，他可以到外面的世界去了。他有了放下的能力，是因为他的心是满的。

那些放不下、走不开、逃不掉的，都是因为他们的心实在太空，所以他们才要拼尽一生，牺牲所有，来抓住长满倒刺的绳索。

那些总是充满内疚和恐惧的孩子将永远难以长大，等着外面世界的屠戮和宰割，然后充满血腥野蛮地生长着。

其实，不负责的男人往往是最想负责的男人，因为他们自恋地认为，自己可以决定他人的人生，可是谁能负责谁呢？于是他们力不从心，于是他们说一套做一套，于是他们不负责。

没有边界，没有对个体的尊重，这样的深情，永远都是物化之爱，都是滥情。

真正的深情不是飘萍，不是蛛丝，不是危如累卵，而是深扎到大地深处的爱。我相信我的离开，不会让我毁灭，也不会让你毁灭，因为我们的爱，足够大、足够多、足够满，大到可以分开，可以放下，可以诀别，可以永不相见。

就算是父母与孩子，迟早有一天，也要卸下一身的行头，放下彼此的剧本和台词，走下必将停留的车站，说一声彼此珍重，然后各自上路。

不能分开的爱，绝不是真爱。放在伴侣之间亦是如此。

真正的慈悲，总是菩萨心肠、雷霆手段，是真正尊重彼此的生命，而非试图取消彼此的存在。这就是“我是为你好”这句话被人痛恨的原因，因为这种所谓的深情，太自私，太绝情。

一段感情是否深情，就看双方是否真正尊重彼此的存在，真正把对方当人看，真正尊重彼此的差异，真正看到了彼此。

C H A P T E R

5

第五章

/

怎样找到那个爱你一辈子的男人

*

*

让男人珍视一个女人的，是正向情绪价值

当一个人没有能力真正认同自己的时候，其实也很难有心力去真诚地认同别人。

这个世界是非常残酷的，两个人在一起，如果是出于肉体或者功利的原因，关系就比较浅薄。如果有一天你没有钱了，你对他 / 她没有用了，他 / 她可能就会离开你。

比如有的人，因为你可以帮助他 / 她拓展业务，才和你在一起，这就是一种不牢固的关系。也就是说，如果你们对彼此没有情绪价值，甚至没有成长价值，你们的关系就是肤浅的，一旦对方成长了、厉害了，很可能就会离开你。

假如对方和你在一起的时候，能够感觉到很丰富的情感，能够感觉到自己的成长是无限的，你们的关系才可能是长久的。这才是真正的吸引力。

我们想要别人对我们满足，自己手里首先要紧握一把好牌，这把好牌就是：我知道你的核心需要是什么，我也能够满足你的核心需要。如果我们能做到这两点，对方一定会追着你说“我爱你”。这时对方说“我爱你”就不是一种义务，而是在表达一种需要了：“我非常需要你”。当一个人非常需要你的时候，是可以为你做任何事情的。

总的来说，情绪价值包括两个方面：正向情绪的价值，负向情绪的价值。

正向情绪的价值来自认同：第一是我们有很多共同点，这叫求同；第二是存异，也就是尊重对方和自己有差异的地方。

如何让一个人非常高兴？比如你说出一句话，让他能够感觉到在你眼中他是多么被认可的一个人，多么重要的一个人。

有种说法叫“一起拍马屁”。什么叫“一起拍马屁”？比如女孩说：“其实我是非常挑剔的一个人，有很多人在追我。有钱的男人追我，我觉得他没有思想；特别有思想的人追我，我觉得他太书呆子了，没意思；肌肉男追我，我觉得虽然他外形很好看，却是一个空壳；只有你，才能真正符合我内心的需要，因为你是一个有情感的人、一个温暖的人、一个非常善良的人，这对我是非常重要的，其他的都不重要，况且你还很有颜值。”

这样一句话就认可了两个人。认可了自己，就是我很挑剔，但是我选择了你，这么挑剔的我选择了你，足以见得我很优秀，同时也说明你很优秀。这种双向的认可，让两个人的自恋程度都飙升，使两个人产生一种惺惺相惜的感觉，产生一种“the one”的感觉，觉得对方是这个世界上的唯一。如果恋爱没有这些东西，那可能不是真正的恋爱。

换句话来说就是三点。第一，别人和你说完话之后，你需要告诉他，他说的话会给你留下什么印象。比如，一个理科男生说了一堆关于工程机械的话，很多女生可能都没有什么兴趣，但一个情商较高的女生就会说：你跟我说的这些工程机械，可能对女生来说理解起来的确很艰难，但是我很喜欢你说话时那种很认真的样子，这个很打动我。

接下来，你可以说：我不太清楚你说的物理定律是什么意思，你能不能帮我讲解讲解？你能说得更具体一些吗？对这件事我有一些自己的想法，但是我也很好奇你的想法是怎么来的。虽然我们两个人的想法不太一致，但是我很想知道我应该如何更好地理解它。

最后，你可以告诉他：虽然这件事情上我们有分歧，我不一定能完全理解得了，但是你的想法对我很重要。

无论如何，就是一句话：你很重要。如果这个人真的对你很重要，你就要不停歇地去表达这些。

我不止一次地说过一个例子，在咨询室里，一个妻子在哭，旁边的丈夫非常想安慰她，但他刚好是一个非常拙于情感表达的人，他的手几次想放在妻子的肩膀上，可是手抬起来又放下，抬起来又放下，他憋得满脸通红。最后妻子拍拍丈夫的膝盖说：算了，我了解你的心意，你这么做我已经很感动了。

所以很重要的一点就是，你并不是非得要为对方去做些什么，而是要让对方能够感觉到你是很看重他的。

表达情感是很有讲究的，要注意表达情感的“要”与“不要”。

不要虚情假意，要真心实意

如果你希望丈夫知道你多么爱他，能够诚实并清晰地和他交流是很重要的。你需要真的认可他，他是真的吸引你，值得你去说这些话。如果你说的话 90% 都是假的，那应该叫情感欺骗、情感诈骗，你肯定是图他别的什么。在你的话里，应该有 70% ～ 80% 是真的，剩下的可以通过你的情感技巧来表达。

比如，你鼓励他的前提是你真的相信他。你可以告诉他，他很棒，很有天分，激励他追求自己的梦想和目标——你帮助他前进的时候，需要保持真诚。让他知道你会为他守候，但是只有当你真的会这么做的时候，才可以这么说。

如果他将面临重大事件，比如一场比赛，或是重要面试，前一天你可以表达一下你很在乎这件事，在乎他。比如为他烤一些特制的小饼干，或是写一张祝他好运的甜蜜小纸条，让他知道在你眼中他是独一无二的。如果他不够自信，你就列举出他的优势，告诉他只要全力以赴，就有理由取得成功。

不要过度，要适度

要让他知道你多么喜欢他——但是别过了头。你应该让他知道你对他的感觉，每次你们约会时你至少可以找出一点他值得称赞的地方。当感情足够深的时候，你要很认真地告诉他你多么爱他，尽管他表面上会说你太肉麻，但内心是非常高兴的。说的时候你要看着他，同时还可以轻轻抚摸他，让他知道你是认真的。要记住，随便来一句“爱你哟”和真诚地说“我爱你”之间，是有很大区别的。

但别一天给他发几十条短信说你多么渴望见到他——这会让他吃不消的。

不要卑微，要保持自尊

要确保你们的爱慕之情是双向的。如果你一直夸赞他，他却没有什么回应，那你可能就有问题要解决了。

你需要让对方觉得他在你心中很重要，但是你不能丧失自己的尊严。你不能一见到他就像遇见明星或者男神一样，恨不得扑上去让他签名，还不停地傻笑。

你要有自我价值感，一种真金白银的价值感。你首先要在内心有很强的自我认同感，才会去认同别人。当一个人没有能力真正认同自己的时候，其实也很难有心力去真诚地认同别人。

现在，你可能一时还难以开口说这些“肉麻”的话，但是需要记住，你总要找到一些方式让他知道并且相信你的心意。

Tips 小贴士：20 条实用的小短信

- 谢谢你做我的男子汉，你让我变得完整。
- 今天早上和你告别好困难，我真想和你共度一天。

• 今天晚上让熊孩子早点睡觉，你觉得怎么样？

• 亲爱的，谁穿那身制服都没你帅！

• 今天早上我特意留出时间认真为你祈祷，我爱你！

• 我今天找好保姆了，我们去约会吧，一起去野餐！

• 谢谢你在我累了的时候照顾我，你真好。

• 今天早上的那个吻有什么含义吗？你让我现在就兴奋起来了！

• 随便说，你想吃什么？今天晚上我给你做！

• 咱儿子昨天晚上和你玩得好开心！你真是最酷的爸爸！

• 我好想能快一点再次躺在你怀里。

• 嘿，帅哥，谢谢你修好了……

• 我今天好想你，盼着一会儿能好好吻你。

• 你老板有你帮忙真是太幸运了，我真为你自豪！

• 希望今天没有那么多美女追我的帅男人了！

• 谢谢你对我那么好。

• 我喜欢你，真高兴你是我的灵魂伴侣。

• 今天晚上晚点睡怎么样？我有个新点子。

• 今天我一直在回想我们的婚礼，对于那天我说的每一个字，我仍然是很认真的。

• 我好喜欢做你的老婆。

*

其实只是和自己谈恋爱，也许你从未真正爱上过别人

你能拿得起，也能放得下，那么你就是完整的。

有三句话帮你行走江湖

一个人喜欢你可以到什么程度？

一次和朋友吃饭，她悄悄对我说，你看我男朋友，怎么连抠鼻屎都那么潇洒。

我说，谢谢你帮我减肥，接下来的饭我没胃口了。

但是婚后，她跟我抱怨她老公的鼻涕纸随手乱扔。

我问她，还记得他抠鼻屎的销魂吗？

她说，谢谢你帮我减肥。

为什么当初你爱上他的那些东西，现在恰恰成了你讨厌的？

一段感情是不是作死的，其实就看你到底是怎么看对方“抠鼻屎”

的。如果你觉得恶心，那么恭喜你，你们的爱还是有希望的。

一个人是否成熟，就看他（她）在情感中到底是如何看待爱的。

那些在大雨中、大雪中、大风中苦等你，那些为了给你买胡辣汤清晨跑遍半个城市，那些觉得你是这个世界上最美好的存在的男人们，你觉得就一定是可以相伴一生的人吗？

如果你的回答是“是的”，那么你一定是“菜鸟”。

你一定要记住这三句话：

- 出来混，总是要还的。
- 所有的付出，都是要回收的。
- 没有人会做赔本的买卖。

碎片还是整体？决定是否为真爱

如果一个人需要太多的爱，或者一个人给别人太多的爱，又或者一个人需要太多的肯定，以及给予他人太多的认同，那么都说明这个人在未来的情感中可能会翻脸。

短期关系和长期关系最大的区别是什么？

前者需要迷恋，后者需要合作。

迷恋的原理就是投射，主要成分是荷尔蒙，而荷尔蒙主要用于幻想。

我们为什么需要幻想呢？因为幻想有时候可以帮助我们做到我们一直都想做但又做不到的事儿。比如阿Q被老板打了一顿，他会幻想，“我是你老板”。

但是，据说马云当年面试肯德基被拒后没有这样幻想，而是思考自己接下来要做什么。

由此，我们可以看到，这个世界有两种人：一种是“碎片人”，一种是“整体人”。

什么是“碎片人”？就像是早产儿，一出生就要进入温箱，比起一般的婴儿，他们需要更恒温恒湿的环境。因为他们脆弱，无法应对一般婴儿就可以应对的世界。

“碎片人”的世界，就是极度需要“温箱”的世界。

从某种程度上来说，我们每个人都需要“温箱”的部分。这个部分就是我们的短板，我们的脆弱层，我们未疗愈的创伤，我们的玻璃心所在。

玻璃心在我们的内心所占的比例越大，我们就越难以依靠自己活下去，要更多地依靠外界的环境才能存活。

一次，我在游乐场看到一个男孩，在玩攀岩的时候，他偷偷跟教练说：“我不想爬了。”教练说：“可以啊。”男孩跟教练说：“你跟我爸说一下吧。”教练笑了笑说：“你自己说不行吗？”那男孩回头看了一眼他爸，叹了口气，继续往上爬。

还有个女孩，也想玩攀岩，可是刚上了第一个小台阶，就停下来对爸爸说：“爸爸我怕。”爸爸说：“爸爸知道了。你还想爬吗？”孩子点点头说：“还想。”

爸爸说：“没关系，要是我，我也怕的。”

这个孩子就颤颤巍巍地继续往上爬，最后终于爬到最高点，她惊喜地回头看爸爸，说：“爸爸，我做到了！”爸爸给她点赞，说：“真棒！”

这个男孩的眼神令人心酸，他以后可能就是“碎片人”。孩子以后是“整体人”还是“碎片人”，很可能取决于他看爸爸的那一瞬间。如果爸爸说：“没关系，不想爬就算了。这个不好玩，我们玩别的吧。”孩子就会收到人生中非常重要的爱：你可以做不到。

然后，他就不必一生都像攀岩这样挂在墙上，进退不得。他不必永远做个“像个男人”的男孩，他不必那么完美，那么优秀。

而这个女孩收到了人生中非常重要的爱：你可以做到，因为我陪着你，一切都不必害怕。

你能拿得起，也能放得下，那么你就是完整的。

如果你不被鼓励去拿起，也不被允许放下，那么就只能上身穿棉袄，下身穿裤衩，就像是那些爱美到冻成关节炎的日本女人一样，你的人生只能片面地活着，不能全面立体地活着——只有阳光照射到的地方，才有生命。

相爱一生，其实我们从未相识

片面之爱，会让我们对外界的认同充满了渴求，我们不会相信，我们可以靠自己活下去。

我们会有两个倾向：过于放大他人，或者过于放大自己。

我们先来看过于放大他人。

我们的很多关系都会进入到“追逐—改造—贬低”的模式里。

来如惊涛拍岸，去如流星赶月。说你行，你就行，不行也行；说你不行，你就不行，行也不行。

要么他希望你永远都完美，甚至不能接受你也需要拉屎放屁；要么他希望你永远优秀，这样他可以一直崇拜你，如果你做不到，他就会觉得你失败透顶；要么他希望你一定要配得上他，否则你就是垃圾。

我们再来看过于放大自己。

他会不断挑剔你，不断通过贬低你来抬高他自己。

他会不断要求你满足他的需求，却从来不知道你也有自己的需求。

他会认为你就是他，他想要的就是你想要的，你和他所有的不同，都是要灭绝掉的。

总之，要么你成为一个完美的存在，他和你在一起，就不必面对他自己的残缺。要么你成为一个垃圾桶，可以供他把自己所有的阴暗面都扔到你身上，让你认同和接受他自己都无法承受的一切。

这样的人一般都比较自恋，该如何与这样的人相处？

自大型自恋者和自卑型自恋者往往会互相配对，形成一种施虐和受虐的关系。前者需要有人做他的垃圾桶，后者需要有人做他的神像。因为他们都缺乏一个“过渡”的空间。

但悲剧的是，这个过渡空间不在外面的世界，也不在内心的世界，而在外面世界与内在世界的交界处，比如咨询室。

咨询实录：一个“碎片人”是怎么变成“整体人”的

有人跟我说：“对不起，我哭了。”

我说：“你哭为什么要跟我说对不起？”

“因为，这是不好的。”

“哪不好？”

“让人笑话。”

“笑话啥呢？”

“像个孩子。”

“像孩子有什么不好吗？”

“不好！像孩子就软弱，就无能，就脆弱，就是不该的。”

“这是谁说的？”

“我爸说的。”

“你觉得他说得对吗？如果你不同意会怎样？”

“他会转身离开，根本不搭理我。我就是个没人要的孩子了……”

咨询快结束的时候，她跟我说：“好像我把这辈子的眼泪都流在这里了。在外面的世界里，我永远是光明的、强大的、无所畏惧的、无所不能的女子。可是没有人知道，我也有哭成泪人的时候。”

然后，因为我没有记住她觉得很重要的、曾经跟我说过的事情，她对我大发雷霆。

我知道，那是她父母曾对她做的事情。

她从未真正相信过我。因为谁能保证，我不会在她依恋我以后，像她父母那样，把她重重摔在地上？

她说再也不会找我做咨询了，她说我只是赚钱的商人，我对她那么重要，而在我眼里，她不过是一个病人，在我的世界里，她什么都不是。

我说，听你这么说我很难过，因为这个世界最痛苦的事情，莫过于自己如此看重的人，却觉得自己什么都不是。我知道，一旦遭遇这样的时刻，你最想做的就是抽身离开。可是，也许我们还有一个机会留下来，走过这个可怕的通道。

她拒绝了。

但下次咨询，她还是来了。我问她为什么回来。

她说，因为我说过“我愿意和你一起面对”，这句话打动了她。这是她父母从未说过的。

她父母能说的就是“我这么做是为了你好”和“我对你做了这么多，你不感恩，反而指责，你怎么这么不懂事啊”。

所谓的过渡空间，就是这样的所在，你可以安全地探索你想做的，但不会做或不能做的事情，然后就长大了。

很多次咨询以后，她说，她不知道自己为什么要到我这里来。

我说，你可以不来啊。

她说，其实很多时候，她到这里有一种感觉，这个世界上只有这里才是她的支点，她在这里可以脱下那些盔甲，起码她不必防备我。

渐渐地，她来得没有那么频繁了。

我说，你怎么不经常来了呢？

她说，她不需要了，因为遇到问题的时候，她就会问自己，如果她找我，我会说什么。

我说，然后呢？

她说，然后这个事儿就过去了。

最后，她跟我说“再见”了。她说谢谢我，她要走了。她说我好像什么都没做，我只是听她说，只是听她哭，只是告诉她，一切都是被允许，我只是坐在那里，我什么都没做，可是她却得到了她最想要的。

我说，你最想要的是什么？

她说，一个形成她自己的空间。

有人会问，这是真实的故事吗？

它是真实的，也是虚构的，说它是虚构的是因为这个故事是编的。但它也不完全是编的，因为在我上万小时的咨询经历中，很多人和很多经历都是类似的，我说的是成千上万株小苗长大的过程，而不是一株小苗长大的故事。

一切有疗愈功能的关系，都可以让我们有机会真正地长大。

也许，这就是我们去爱的真正原因，从“碎片人”到“整个人”，走出“温箱”的世界，走到真实的世界里去。

*

为什么爱得越久越不能真心相对

没有感觉，就是一种感觉。

为什么表达情绪这么难

世界上最难解之谜，莫过于：道理我都明白，可是我就是做不到。

而另一个未解之谜就是：我们不知道对方到底想要什么，对方也不知道我们想要什么。很多话到了嘴边，却又咽下去了。

为什么表达自己的情绪那么难？

最让男人崩溃的一件事就是听到女人说：我们在一起这么久了，你怎么就不知道我想要什么？

最让女人崩溃的就是听到男人说：我不知道我想要什么。

为什么我们在情感中那么难表达自己的情绪？

四种父母带来四种人生

回答这个问题，我们需要从另一个问题说起：表达情绪会给我们带来什么？

现在，想象你是一个婴儿，当你饿了，不哭也不闹，这样做你就是在冒险：你怎么知道妈妈会明白你饿了？如果她是个“马大哈”，根本就忘了你的存在，那么等待你的恐怕就是死亡。

所以，孩子一出生，就会哭，就会闹。

如果妈妈给你很好吃的东西，你还想吃，你需要发出什么信号呢？因为开心，你要咯咯乐，这样妈妈就知道你很喜欢吃这个东西，你就有机会继续吃到你想吃的。

所以婴儿就是这样活下来的，婴儿发出信号→父母接收到信号（信号包括正向喜欢的和负向不满的），并且回馈→婴儿存活。

接下来，又一个问题出现了：父母的反馈是不是都一样呢？当然不一样。

父母大概有四种反馈：误解反馈、不反馈、不完全反馈、适度反馈。这四种反馈很大程度上决定了孩子在长大以后表达情绪的能力和方式。

1. 误解反馈

当孩子饿的时候，父母如果揍孩子一顿；或者给孩子换尿布，孩子的需求完全被误解为折腾父母或者提出无理要求；或者认为孩子不是饿，而是想喝水而已，那么这个孩子的存活成本就会很高。

因此，孩子需要把所有的能量都用于帮助父母理解自己。他必须先理解父母，然后再帮父母理解自己。他用尽所有力气，才能吃上别人家的孩子很轻松就能吃到的奶。

于是，他能成为超级共情父母的人，却唯独不能共情自己。

2. 不反馈

有人跟我说，他从小就是被放在床上养大的，父母忙于工作，只有中午会回来喂他一次。有一次父母加班，中午没回来，晚上回来的时候，发现他头朝下，趴在床下，几乎窒息而死。

这个孩子经历了怎样的哭天天不应、叫地地不灵的一天？这样的日子如果不是偶尔，而是经常如此的话，这个孩子就必须学会隔离自己的情绪，进入精神上的假死状态。

3. 不完全反馈

父母会给你提供一切衣食住行的“爱”，但对你所有的精神需求毫无回应。这就是我经常在文章中提到的“衣食父母”而非“心理父母”。

你说有同学欺负你了，父母充耳不闻，或者把你骂一顿；你说学习有困难，很担心达不到他们的期待，父母就说你太娇气，不体恤他们。你得到的爱永远都是“冰与火”的游戏，你很困惑父母到底是不是爱你。

一方面，他们特别关心你的学习，你的身体；另一方面，他们连你想自杀的念头都不知道，尽管你都直接和他们说了，他们也好像失去了听觉一样。

这样的孩子长大以后就会生活在矛盾之中，不知道自己真正想要的是什么。你在聊到自己父母的时候会说：“我父母对我很好，他们很爱我，但他们的表情却骗不了我——我能看到他们的悲哀。”

你在表达自己的情绪方面会陷入悖论：只能表达被允许的，而不能表达不被允许的。

4. 适度反馈

我们都渴望这样的父母。如何形容这样的父母呢？“不带诱惑的深情，不带敌意的坚决”。

一切不能真正共情自己孩子的父母，都是因为活在自己的世界里，他们因为无法解决自己的心魔，于是只能让身边最亲近的人来承担。

前三种错误反馈孩子的父母的心魔是他们竭力想去遮掩的阴影。

有的父母绝对不能接受自己的孩子受到一点儿伤害。有时孩子摔倒可能是一种很新奇的体验，他想和父母分享，摔在地上很好玩，但父母就像是离弦的箭一样，掩着救护车般的哭喊声冲到了孩子面前，让孩子的惊喜变为恐惧。

有的父母如果很自卑，就会担心孩子不够坚强，于是从婴儿时期就开始“训练”孩子的“延迟满足”能力。于是，这个孩子总得不到必要的抚慰和足够的滋养，会变得更瑟缩、更脆弱，父母也因此更加不满。恶性循环由此诞生。

有的父母如果对生存充满了焦虑，或者忙于到外面的世界寻找自己的价值感，就会忽略孩子的需求，让孩子自生自灭地长大，孩子就会不得不说服自己活在情感的沙漠里，让自己的所有情感都变成空气一样不可见。

父母把自己都无法承担的脆弱放在自己的孩子身上，把自己都无法承担的焦虑放在孩子身上，把自己都无法承担的恐惧放在孩子身上……

孩子如果要承担父母都无法承担的情绪，就会失去发展自己情绪的能力，他们无法区分，自己体验到的是自己的情绪还是父母的情绪。

于是，你就这样变成了情感表达困难者

所以孩子会在成人以后遭遇以下三种情感表达障碍。

1. 隔离情感

做“内在小孩训练营”的时候，有人问我：我没有任何感觉怎么办？

没有感觉，就是一种感觉。

开始心理学学习的时候，我曾经羡慕很多女人，她们可以有那么丰富的情绪体验，有那么自然的情感表达，而我却什么感觉都没有，就像是一块木头。

回看我 20 岁到 30 岁的人生，我曾经一度非常绝望：我似乎是两个人，一个人好像有正常的情绪，也会哭，也会笑，也会谈恋爱，像一个“正常人”一样活着。但在另一个层面上，我觉得自己内心有一块地方始终是在沉睡的，就像是冬眠的熊。

这十年，我其实是“假装活着”，没有“存在感”地活着，我活着，但其实死了。因为我不知道我到底想要什么，我也不知道我适合什么，我不知道我的未来会走向何方，我没有体会到心动的感觉。

20 岁之前，我生活在学习的焦虑里；20 岁以后，我生活在空虚之

中，我不知道除了学习，还有什么值得我去拼搏，而学习其实也不再是我奋斗的目标了。

这是一段很漫长的自我发展的过程。

直到有一天，我忽然顿悟，我忽然看到了自己的内在小孩，泪水夺眶而出——很多年都没有像一个小孩一样哭过了。此时才知道，我也需要依恋，我最想做可以躺在日式榻榻米上晒太阳的小孩子。

我找到了自己，也就找到了属于自己的情感。

所以，很多男人（当然也包括女人）都和我一样，他们都是靠本能活着，为一个从未思考过的目的活着。他们的感情都是标配，从未真正体验过发自内心的情感。他们总是会说：磨磨叽叽什么啊，哪有那么多酸文假醋的情感?

我之所以找到了自己的情感，是因为我终于可以消化乃至放下父母放在我身上的生存焦虑。我才能开始发展自己的情感，我才能开始表达自己的情感。

2. 分裂情感

很多焦虑型的人处于这样的分裂状态：

当他们爱你的时候，你会感觉到如升天堂；当他们作起来的时候，你会觉得如坠地狱。

他们的人格是分裂的，可以瞬间进入到另一种情绪状态。前一刻还喜笑颜开，下一刻就愁容满面。

冲动是魔鬼，很多人的感情都是如此，说了不该说的话以后又后悔了，然后想挽回，却已经破镜难圆。但是无论事后怎么打嘴，到了下一次，他们嘴上还是没把门的。

为什么他们会有如此跳崖式的表达？因为他们的世界缺乏一个过渡性的空间，他们必须做强者，才能驱逐自己的弱小感。

我们面对无中生有、无奇不有、无所不能这样“三无世界”的时候，最原始的处理方式就是：假装自己没有处理的情绪，假装对方不是自己要面对的人。

分裂情感者就属于后者。

他们会忘记这个人是他所爱，只记得对方是需要用机枪射杀掉的坏蛋。一是给自己施魔法，让自己的一部分消失；一是给对方施魔法，让对方变成另外一个人。但这都属于孩子式解决问题的方法，在成人的世界一定会失败。

回避型的人会不明白：这个女人哪有那么多情感啊？是疯子吗？

焦虑型的人也会不明白：这个男人太残忍了，我有这么多的痛苦，他却毫无知觉？

无论是太少的还是太多的情感体验和表达，都是因为我们的过去成长环境不允许我们真实地长大。于是，我们才会过度地发展某种能力，成为“偏科生”。

3. 冲突情感

很多人并不是如此碎片化的，而像看到“皇帝的新装”那样，明明看到了，却假装没看到。

我健身的时候，教练问我：“现在的训练量如何？”

我说："还好。"

教练哑然失笑："什么叫作还好？"

我说："就是还行。"

教练说："是百分之多少的还行？"

我说："是百分之一百二十的还行。"

教练说："那就是不行，你觉得过量了，是吗？"

我说："是的。"

教练说："如果我不这么问你，我还以为你是可以承受的。"

……

接下来，我问自己：为什么我会在不行的时候还说"还好"？

其实，我几乎把自己糊弄过去了，在自己完全无法承受的时候，居然无所察觉。

然后，我看到了自己内在的流程——

我的身体跟我说：不行了，大叔，你的身体受不了了。

我跟我的身体说：既然教练给我安排了这个量，就说明一般人都可以达到，如果我认㞞了，那多丢脸！再坚持一会儿吧！

身体说：大叔，你年纪不小了，不能这么闹了，接下来一周你一定会很难受。

我说：我的面子更重要！你闭嘴！

如果我不去觉察，我几乎都意识不到自己内心的自动化流程。这个流程一定已经被执行了上亿次，所以它几乎已经自动化了，于是我就成了一个"死要面子活受罪"的人。结果呢？我永远都会吃亏。

*

为什么成功男人最后都爱上了这种女人

没有人可以占便宜，所有的幸福，都是靠经营得来的。

为什么你的朋友圈没老公的身影

你最想嫁给什么样的男人？

这个问题，往往会有两种答案：一是居家型的男人，二是事业型的男人。

如果你说“我想嫁给最有上进心的男人”，那么当你真的嫁了这样的男人，有一天听到《爱上一个不回家的男人》这首歌的时候，不要哭。

一个朋友，她的朋友圈所有的炫富图里都没有老公的身影。很多人都会羡慕她贵妇般的生活，只有她自己清楚，这个所谓的“命好”要用多少“心苦”来代偿。

好不容易确定下来要到夏威夷度假庆祝结婚五周年，到了机场，因为公司有突发状况，老公拔腿就走，留下一堆烂摊子要她来处理。

生病的时候，他消失。

生孩子难产，他在出差。

孩子受伤了，送急救室，他要陪老板参加决定公司生死存亡的谈判。

父母生大病了，来北京治疗，他从未现身过。

……

这样的事情太多了。

每次遇到这样的事情，他总是一脸歉疚。

难道就没什么表示吗？没有。

他所有银行卡都在她手里，就算是想要买个礼物，他都觉得多余了：钱都在你这里，想买什么都随你。

物质的极大丰富、时间的极度贫瘠，这就是嫁给事业型男人你最有可能遭遇的生活常态。

很多婚姻毁于补偿心态

既然如此，为什么要嫁给事业型的男人呢？

也许有很多理由，但最常见的一种是：理想化的需求。

如果你小时候经常会咬牙赌咒发誓：我以后一定要找一个和我爸爸完全不一样的男人相爱，那说明你很有可能跳入了心魔的陷阱。

我们在原生家庭里缺什么，就很想在婚姻中补什么。但这种“补偿心态”往往会成为日后自酿苦酒的祸根。

如果你上初中的时候被其他女生嘲笑鞋底破了都没钱换新鞋；

如果你从小有一个吃喝嫖赌抽还家暴的爸爸；

如果你看到一个被妈妈看不起的懦弱爸爸，是如何过着被人轻贱的人生的……

你就会有一个很强烈的愿望，想找一个强大的、有上进心的、有野心的、有侵略性的男人。你渴望有人保护、有人支撑、有人养着、有人宠溺，还可以好好过一把崇拜的瘾。

有人会问：这有什么不对吗？

没什么不对。

不过，我们每个人面对资源都会有两种态度：

- 婴儿思维：我饿了，就要吃奶，但奶在别人身上。
- 成人思维：我饿了，用自己的钱买奶吃，虽然奶在别人那里，但我可以靠自己的本事，通过交易获取。

前者，是靠自己的身份和弱势思维获取资源；后者，是靠双方利益的互换和双赢思维获取资源。

哪种方式更好？我不知道。

我只知道，每个人的婴儿期都会过去。如果一个人 20 多岁还要躺在家里等着妈妈喂奶，我们会认为他有病。

真正平衡的关系是需要三种视角，在不同的时期各自有侧重的。比如，一个男人在自我价值的原始积累期，是需要他人仰视的；当他的自我价值已有一定的积累，他可能更需要平视，这样可以为他的世界带来更丰富的信息；当他的自我价值积累到更好的程度时，他可能需要一个可以让他仰视的女人，因为他已经不需要外在的成就来补偿他的自卑，能臣服于他人的强大。

如果你带着婴儿思维和补偿心态进入婚姻的话，就会在婚姻中埋下一个定时炸弹。那么，无论看上去多美好的关系，其实都是建立在沙滩上的。

怎样守护事业型男人

一个事业型男人的前半生和后半生，是分别需要两种女人的，你属于哪种女人?

举个例子吧。比如《虎啸龙吟》这部电视剧——这部女人可能不太爱看的剧里，其实藏着美满婚姻中最重要的两个秘密。

司马懿有两个妻子，一个是原配张春华，一个是皇帝硬塞给他的柏夫人。

如果你把后者看成小三儿，那就没法好好学习了。我建议，你可以把这两个女人看成一个事业型男人的前任和现任。

司马懿的前半生里，张春华起到了非常大的作用。

首先张春华会功夫。在那个乱世，有一个会保护家族的女人，这对一直都生活在灭族危机中的司马家来说非常重要。如果不是张春华当机立断杀死曹操的眼线，以及冒死把圣旨送给曹丕，也许就没有司马氏日后的荣华富贵。

比会功夫更重要的是她的强势风格，对一向阴柔还有些小自卑的司马懿来说是很好的补偿。很多时候，他在面对危险的时候，张春华的快人快语会非常提气。

另外张春华生了俩儿子。司马懿生性多疑，有一个忠心耿耿的女人在身边，会给他很多的安全感。张春华的淡泊名利，也是司马懿想要的一种生活方式，但他的野心始终无法兼容这种生活，只有找一个安于家庭生活的妻子，他才能偶尔体会一下"远遁世外"的快乐。

简而言之，我们可以概括一个事业型男人，在婚姻的前半段对女人的需求画像。他需要这样的女人：

- 头脑简单。
- 忠心耿耿。
- 热衷家庭生活。
- 性情中人，可以为他"挡子弹"。

在司马懿的后半生呢？柏夫人取代了原配的地位。为什么？因为当一个男人完成了奋斗期的攀登以后，也就初步完成了自我价值的原始积累。也就是说，他有足够的功业来支持自尊了。此时，他需要这样的女人：

- 头脑更复杂，懂得他的世界。
- 忠心耿耿。
- 可出世，也可以入世，可以让他享受男女之爱，也可以成为闺阁中的女诸葛。
- 让他崇拜和钦佩。

在司马懿的前半生，他需要俯视和仰视的视角。时而把张春华当成孩子来看，满足她的种种作的要求；时而把张春华当妈来看，让她来保护自己的人身安全。

他的后半生，则需要三种视角。他需要平视的视角，一个可以给他提供开阔思维帮助他事业的人。他需要被理解、被懂得、被欣赏。他需要感觉更多的激情和挑战。他也需要仰视的视角，但不是恐惧，而是钦佩。他也需要俯视的视角，但不是看不起，而是怜惜；他需要被需要的感觉，但不是累赘，而是很享受的感觉。

一个想要成功的男人和一个已经小有成就的男人，对生活、伴侣、婚姻的需求和愿景都已经有非常大的不同。一个女人如果不随之成长，很容易就会成为一个他生活中非常尴尬的角色。按恩情、按角色来说，你很重要，但从需求的角度来看，你已经 out（落伍）了。

我们最好不要活到这种“你很重要，可是我不需要”的份儿上。

没有“家规”，你的婚姻没有未来

那么该怎么做呢？

首先，你要和一个事业型的男人在一起，就要调整自己的预期。

一个事业型的男人，可以给你带来很多平庸男人无法提供的福利，比如物质、人脉等。但是这样的人，必然是个大忙人，无法给你想要的陪伴，必然会把事业放在你的需求之前。你不要太自恋，认为可以轻易改变他这种倾向。

所以，在和他关系最好的时候，你一定要做好两个预案：不变量预案、变量预案。

什么是不变量预案？

有一些时间是没商量的、神圣不可侵犯的。

奥巴马曾骄傲地说，即使在长达 21 个月的总统选举中，自己也从来没有缺席过一次女儿的家长会。

纵然再忙，能比奥巴马更忙吗?

在结婚之前，你就要告诉对方："一旦我们决定怀孕生子，那么就意味着我们都需要部分牺牲一下自己的事业发展，你必须要出场的时候一定要出场，比如我生孩子的时候，比如孩子的满月宴会上。既然你是已婚人士，就意味着你也要为婚姻做点儿什么。"

很多女人缺乏这种谈判意识，所以完全按照丈夫的直男思维过日子——如果我没时间陪你，我就给你张银行卡。

一旦女人接受了这种简单粗暴的物质补偿方式，就会形成关系里的"路径依赖"。他认为用钱用礼物就可以打发你，而你其实并没有被满足，如果有一天你忍无可忍发作起来，他就会莫名惊诧，觉得你太作。

什么是变量预案?

你们每年都要有假期，而这个假期可能会被工作的临时变化而影响，没关系，可以再换一个时间，这个时间定下来最好就不要动了。

如果你的丈夫处于焦头烂额的时刻，你可以不为难他，但也需要有一个补偿，不一定是要多少钱，而是需要他花时间。

比如，两个人到当年第一次约会的地方吃顿饭，或者陪你做一件他一直都不愿意做的事儿——陪你逛商场，手机全程没收。

总之，要保持他对关系的必要投入，而且是用心的投入。

对于事业型的男人，你必须要提高你们相处的"质"而非"量"，这需要你动脑筋和更用心，没有人可以占便宜，所有的幸福都是靠经营得来的。

*

婚姻中的我们需要脆弱相对

当一个战士和一个游乐家在一起生活的时候，冲突不可避免地发生了。

婚姻的浑水到底有多深，他是在一个失眠的晚上，靠在沙发上玩刚买来的平板电脑的时候才忽然明白的。

他听自己在喃喃自语：我要离开她。

他被这句话吓了一跳。这不可能，他们还在如此你侬我侬的时候，为什么会有这样的杂音出现？

这就好像我们跟自己说要截掉好端端的大腿一样荒唐。因为这个声音太过奇怪，反正他也睡不着，不如就这样追寻下去，看看到底是什么让自己说出这样的话。

“这里已经不需要我了。”这是第二句吓着他的话。

怎么可能？她每天都那么深情地看着他，告诉他：我是多么多么需要你，你是如何如何地满足了我。

一切越发像一个悬疑剧了。

渐渐地，他看到他的内在深处有一个红着眼睛的、厌倦的、忧伤的、邋遢的小男孩，嘲笑地看着他说："你为什么睡不着觉？"

"很简单啊，因为白天太忙了，一直到晚上我还很兴奋，这只是偶然失眠，算不了什么。"

那个小男孩耸耸肩，冷笑："你可以继续用越来越多的证据和我辩论，但是如果一切都是虚幻的，我为什么会来到这里？你可以说，我是你太累的时候出现的奇思怪想，你可以继续欺骗自己。你可以问问自己，你为什么昨晚梦见了前女友？"

他有一个谈了五年恋爱的女友，女友是个长得有些像《头脑特工队》里忧忧那样的人，很忧郁和压抑，却对他几乎百依百顺。当初他之所以和她在一起，也是因为他那段时间非常失意，两个忧郁的人在一起，似乎比较相配。有一次，他无意中打开过去的照片，发现和她的合照他从未笑过，永远都苦大仇深地皱着眉。

冰箱里永远都是空荡荡的，洗碗池里总是堆着没洗完的碗筷，洗手间脏到他都无法忍受的时候才自己去清洗……这些都不重要，最难以忍受的是当他慢慢从抑郁的状态中走出来的时候，女友还在谷底躺着。他受不了那种让他压抑到要疯的空间。

然后他遇到了他的天命，一个充满了热情的，有力量的，像一朵大牡丹一样骄傲地绽放着的女孩。他决然地离开了这段快要让他窒息的关系，奔向了崭新的充满了希望的生活。

他和她在一起，去了很多从未去过的好玩的地方；吃了很多过去从未吃过的美味；甚至一起合作做了很多事情；现在他和她住在一个装修得像宫殿的大房子里，他的人生完全脱胎换骨了。

他不止一次地感谢老婆：如果没有你，我的人生还是一条咸鱼，而现在我却拥有了这么多我做梦都没想到的东西。

他知道自己就像一把湿漉漉的柴火，需要被点燃。

这个充满了激情与能量的女孩，让他的生活充满了色彩。这些色彩让他相信，就算是此刻死掉，也无憾了。

但是，为什么这个时候他内心蹦出来一个熊孩子告诉他，他不被需要了，这里不属于他了？

在梦里，他非常清醒地了解自己已经有婚姻了，他很好奇地问前女友："为什么你还和我在一起？我们不是已经分开了吗？"

前女友笑了："那也不妨碍我们在一起啊。你是离不开我的。你就属于我。"

这个世界实在太疯狂了。这哪里是悬疑剧，简直就是恐怖片。

从震惊中醒来，他开始承认，有些什么不对劲了。

首先，他的人生中从未经历过如此多的质疑。和一个精力旺盛的女人在一起，他的人生会有很多跌宕起伏，但同时也让充满抑郁体质的他开始有些累了，毕竟他过去和前女友过的是一种相对静态的生活，甚至他的原生家庭的气氛都是有些压抑的，他从未见过一个人可以瞬间就小宇宙爆发。

他的爸爸在他小时候脾气还算火爆，但也都是瞬间即逝，而且会被全家人鄙视。

原来他听的音乐都是相对忧伤的，像催眠曲一样的调调，但现在他感觉自己每天都在听摇滚。

原来他一直都有怀才不遇感，现在他好像已经小有成绩了，按照这个趋势，他的成就会越来越高，可是他对此准备好了吗？

在她面前，他有些紧张，有些疲劳，感觉她那种种挑剔的话就像是因纽特人手里的鞭子，所到之处，他气喘吁吁地飞奔。

他要注意刮胡子、把裤子拉链拉好，每天要八点起床，刷碗不能留任何油污点，如果出去吃饭他不幸迷路了，那就是他的死期。

他喜欢开心大笑的她，喜欢袒露脆弱、像小猫一样依偎着他的她，但是他也害怕脾气暴躁到可以吞没一切的她。他现在的处境就像是《少年派的奇幻漂流》里的小男孩，和猛虎同船。

他很想有自己的空间，想要远离如此多的冲突，他累了。也许这就是为什么他开始梦见前女友的原因。可是，他很清楚那不是他的选择，而这里也日渐陌生了。这种陌生是从他回老家开始的。

春节回家的时候，他吃妈妈做的饭，忽然之间，他觉得家里的饭菜好难吃，而且很不卫生，他觉得家里又脏又乱，以前他从未有过这样的感觉，后来他明白了，是因为和老婆在一起，他已经慢慢被同化，开始成为一个优雅的城里人，与乡下老家之间有了隔膜，这可是他一生中最重要的十几年建立的种种习惯啊。

那个邋遢的小男孩，在他心里说：你被她同化了，可是你是谁？你不能出错了吗？你不能马虎了吗？你不能愚蠢和无能了吗？你不能像一个小孩子一样瘫在床上吗？你不能忧郁吗？你不能缠绵地感伤吗？当你变得强大、完美、优雅和时尚的时候，你的这些部分该怎么办？当你感觉到自己很有价值的时候，你觉得快乐吗？当你过上想要的生活的时候，你觉得开心吗？走吧，这个家不允许你的这些部分存在。回到那个可以允许你的这些部分存在的地方吧。

可是，他已经回不去了。他以前可以在路边摊和朋友一起吃麻辣烫、喝啤酒，现在他看到这些，浮现的只有老婆给他灌输的种种地沟油的想法，他的舌头已经挑剔到没法回到可以糊里糊涂胡吃海塞的时候了。

就好像三毛一样，他被收养到了富贵人家，他觉得那里不是他的家，但让他回到垃圾堆，却也不能了。

他为什么不接受“垃圾堆”又不能接受“皇宫”？他的父母都算是比较有能力的，然而在家里却像两个未能长大的孩子，如今的他跟父母在一起时，似乎才像真正的家长。他既崇拜他们，同时又鄙视他们。他不知道如何平衡自己的认同。

他的生活也充满了这种自相矛盾：一方面他是如此光鲜夺目，一方面他又是如此孩子气。

她睁开眼，发现身边空荡荡的，然后闭上眼，假装自己睡着了。

生活永远都比韩剧更荒诞。她曾对闺密说过，在这个世界上，她最崇拜的就是 A 了。可是最终，A 还是成了前任。她不知道一个如此阳光大气的男人居然可以和别人一起算计自己。如果一切都是那么丑陋，这爱，还有什么必要存在？

她从此明白了什么叫作“画皮”，画人画骨难画心。

遇到现在这个男人也就是她老公的时候，她正在冰冻的世界里。一天工作 18 个小时。工作、工作、睡觉、工作、工作……只有这样，她才不会有痛感。

直到一天深夜，她加班回来，看到他在寒风中微笑着等她的时候，她冰封的世界开始融化，她才了解自己有多需要一个胸膛，可以把自己藏进去，藏进去。

这个男人的胸膛可以跑马，她可以在他面前肆意撒欢，他是男人界的奇葩，她倾诉痛苦和脆弱的时候，他居然可以理解，而不像很多男人那样说：别想那么多了，你是不是太神经病了？

然后她逐渐发现了真相：他对她的包容，只是因为他根本没有她的那种完美主义。对他来说，这个世界就是一个游乐场；而对她来说，这个世界就是一个战场。但是当一个战士和一个游乐家在一起生活的时候，冲突不可避免地发生了。

当她累的时候，他的温暖和开心对她来说是致命的吸引。而当她想要战斗的时候，他的拖沓和低标准就让她发狂了。

她梦见姥姥和妈妈，以及她和家族的其他女性，每个人都拿着一把雪亮亮的超级大剪刀，像是在出征，像是在复仇。

在她妈妈这边的家族里，没有一个男人是“带种”的。出轨的出轨，早亡的早亡，失败的失败。

她爸爸是一个非常剽悍的游乐家，吃穿都特别讲究，一天到晚钻研各种游乐项目，跳舞、踢足球……无所不包，直到他迷上炒股，一塌糊涂以后，整个人垮掉了。她从小听得最多的话就是妈妈那句：你就是个废物，你还能干什么？

爸爸一开始还忍着，忍不住了就出去走一走，然后趁妈妈睡着了才蹑手蹑脚地上床。

而家族里的女人都是那么的强大，却少有幸福的，后半生都是孤独的、哀怨的。强横了一辈子的姥姥，最后瘫痪了，事事都要被她狗血喷头地骂了一辈子的无能老公照顾。只有这样，他们俩才真正开始琴瑟和鸣了。

想到这里，她忽然打了一个冷战：我到底能不能真正地和一个男人长期地生活在一起？

老公似乎也像是甘蔗一样，慢慢地被她咀嚼得没有味道了。

她又开始慢慢地失望了，就像是当初她开始看前任一样，从仰视到平视、俯视，最后到不忍直视。

她是否也在拿着那把大剪刀？她是否在心里也是痛恨男人的？而她为什么要痛恨呢？

她知道，自己曾有一个非常大的遗憾，妈妈实在太嚣张了，爸爸实在太软弱了，如果他能站起来，狠狠地扇妈妈一个大嘴巴，她会拍手称快的。但是他从未这么做过。她心疼爸爸，也是如此鄙视他。

她知道，如果她的丈夫开始脆弱、开始退缩、开始不知所措，她的那种恐慌就会出来：你千万不要变成我爸爸那样的人！

她无法忍受那时候自己的感受，看着家里的一头怪兽横冲直撞，她却不知所措。

“我不想要外强中干的男人，我也不想要一个只知道玩乐的男人，我想要强大到可以保护我的男人。我的老公，足够温暖了，可是他并不强大。怎么办呢？他并不是鸡肋，却开始有了这样的味道。我不能失去他，可是也无法全身心地爱他了……”

他知道，她也没有睡着。

他们来到了生命中相似的路口。

他足够聪明，知道就是在这个路口，他和前任之间的情感灰尘慢慢积累起来。

她也足够清楚，她和前任那曾被所有人视为金童玉女的爱情，就是在这些瞬间慢慢破碎的。

他们可以像过去那样，把它当成夜半的胡思乱想。他可以继续玩平板电脑，直到神经疲劳得无法支持。她也可以努力想他的优点，来覆盖自己日渐滋长的失望。

可是迟早有一天，他们会坐吃山空。那一天，再完美的爱，也会变成一堆甘蔗渣。

其实，他可以告诉她：“对不起，我觉得这个家没有我的空间，我开始梦见我的前任了。我想我可能开始慢慢想离开你了。”

她也可以告诉他：“我现在还是很需要你的温暖，我幻想有一个更强有力的男人来爱我，更多的是因为害怕过去的伤害重演而想要努力留住你。”

这些话都太真实了，足以让一切情感都无法再保留那一层温情脉脉的面纱。

可一旦情感不再真实，它就开始衰竭了。就像是一个人需要医生直接告诉他“你身体出了问题”一样，真正的爱，就是可以坦然告诉对方：我发现，现在没有以前那么爱你了。

他们的关系在慢慢变质，身后是奇幻的肥皂泡，他们有没有勇气戳开它？到底是什么在操纵着他们的关系？

他为什么成为一个永远的游乐的孩子，无法迈入成人的世界？

她为什么成为一个永远的战士，那么想要做孩子却不能？

他为什么那么害怕强大？

她为什么那么害怕弱小和无能？

如果他找到一个可以无限接纳他的弱点的女人，他的生命就会满足了吗？

如果她找到一个她永远无法嚼成渣的甘蔗男，她的生命就满足了吗？

这些话题，如果就此打住，将会成为他们关系中的暗礁、潜流。他们将开始把真实的生活隔在面具之下，他们会越发礼节性地说“我爱你”，他们会因为恐惧分开而不得不在一起，他们将不会有那么多的眼神交流，他们会越发地沉浸在各自的世界里，他们会越发觉得这个家充满了压抑和无聊，他们将开始期待生命中继续有新的肥皂泡产生，然后一切重新上演一遍。

他需要有更多的勇气告诉她内心的想法，而不只是忍受她的指责。她需要有更多的勇气用脆弱表达脆弱，而非用攻击表达。他们需要的，只是摆脱过去原生家庭的羁绊和无形的牵引绳，他们需要的是找到属于自己的声音。

他们需要的是脆弱相对。这是他们当年最需要却从未得到过的。

所有的创伤，都是来自伤痛而无人陪伴。从未有一个人在他恐惧的时候鼓励他说“没关系，去吧”。从未有一个人在她恐惧的时候安抚她说“没关系，哭吧”。

现在他们需要对自己这样说，也对彼此说这些。

也许只有 20% 的夫妻可以做到这一点。80% 的夫妻能选择的就是闭上眼，关灯睡觉。

他走到床边，用颤抖的声音说：“亲爱的，我有话想跟你说……”

她睁开了眼。

*

婚恋中，你最需要知道的规律是什么

亲密，是指揭露自己而呈现的脆弱和了解的状态，也就是脆弱相对。

一直以来，我都在寻找一本关于婚姻三观方面的书。

就像我们去旅行，首先要知道目的地是哪里，如果目的地都是错的，用再好的技术和方法做攻略，也是没有意义的。

当下我们出现这么多的情感问题，主要是因为缺乏情感的信仰。所以我们会出现两种极端倾向：

• 动物本能主义：男人都是动物，女人都是命苦，你要学会玩心计，才能在如此险恶的世界里活下去。

• 文青主义：爱就是纯粹，就是要一生一世，就是一旦爱上了，便像童话故事里那样，永远都有 happy ending（完美结局），如果爱情接了地气就是一种亵渎。

很多男女在青春期都怀着文青主义的情怀，遇到情感挫折后，要么成为悲剧女主或男主，一直为理想撞南墙下去，要么就退化成兽，用动物的视角看世界。

我虽以精神分析和存在主义哲学作为三观基础，但关于婚姻的很多细节层面的三观是比较缺乏的。后来读了《懂得爱：在亲密关系中成长》这本书，我很受启发，这本书值得一读再读，成为我们一生的陪伴之书。

该书的作者黄焕祥和麦基卓，他们都是人性的艺术家，他们不仅是工作伙伴，也是生活、情感的伴侣，却又不是一般人所界定的“同志关系”。他们相信“关系”是在人间修行的最好方法，承诺做彼此的镜子、老师、同修，做对方生命中所有关系排序里的第一人。他们花费二十六年的时间开展的一项探索“爱与亲密”的计划，因为相信自己的发现可以帮助别人，在更切实际的时间内进入亲密关系。

这本书最大的特点在于，提供了不少亲密关系中关键定义的意义。我给大家简单介绍一下——迷恋 vs 真爱、完美之爱 vs 完整之爱。

很多人都会问，婚姻是不是爱情的坟墓？婚姻到最后都是亲情吧？就是因为不了解什么是真爱，都以为这个世界上只有一种爱，就是融合期的迷恋。

所谓融合期，就是两个人几乎都融为一体的时期。这时候，彼此都会觉得自己身处最完美的世界，都进入到一种完美之爱：你是完美的，我是完美的，我们的关系是完美的，天上掉下个大馅饼，我们一下就进入了天堂。这时候，我们心有灵犀，所有的事情都是一致的，就像是一个人一样，爱你就是爱我，爱我就是爱你。

但这个世界上还有第二种爱，那就是当融合期的迷恋之爱结束之后，我们开始从梦幻中醒来之时，我们开始有一种完整之爱。

所谓完整之爱，就是女人开始发现，一个充满责任感的男人，可能同时也是妈宝男；一个有事业心的男人，可能也是家庭生活的白痴；一个对你很暖的男人，可能也会对同事很暖……

男人也会发现，原来活泼可爱的女生，在生活中也是个大条的娇小姐；原来做事麻利干脆利索的女生，在生活中也是个控制狂；原来文静优雅的女生，其实在关系中也是个动不动发动冷战的疏离者……

这时候，我们该怎么办？

1. 进入到“冷漠期”

很多时候，我们会听长辈劝、听过来人劝——他已经够好了，不吃喝嫖赌，把工资都交给你，事业忙一些，很正常啊，结婚了，哪有那么多浪漫啊，你要调整心态，婚姻到最后不就是亲情吗？

于是就会出现女人忙于孩子，男人忙于事业。两个人用“转移”和“压抑”的方式来应对彼此对情感的失落和种种欲求不满的难过。

“冷漠期”的主要工作就是降低预期，降低对彼此的需要，好处是双方可以维持关系的和平，但这种平衡关系会日益变成一种植物人似的“死寂”。就像红楼梦里的那句话，“外面是烈火烹油的繁华锦簇，但里面早就糟朽了”。

需要的降低带来彼此的疏远，一旦遇到波动，比如长辈去世、事业失败、疾病到来，这些需要关系的凝聚力的时刻，关系就会弱不禁风，一扯就断。

2. 进入到“权利斗争期”

“权利斗争期”的主题其实就是双方都希望回到“融合期”的肥皂泡的一种幻想。

很多女人会想：为什么那时他那么肯在我身上投入，现在却推三阻四？很多男人会想：为什么那时她对我那么理解和支持，现在却对我挑三拣四？于是双方都试图控制对方，让对方接受自己的规则。

这样就会发生婚姻中常见的现象：男人试图让女人变成男人，女人试图让男人变成女人。

所以，男人经常会说：你想那么多干吗？事情都是你想出来的，不想就没有。

女人也经常会说：你为什么不和我沟通？如果我们可以沟通一下，我们的关系就会变好的。

男人经常会觉得女人是事儿妈，女人经常会觉得男人就是榆木疙瘩。

很多人因为熬不过“权利斗争期”的惨烈斗争，关系进入到“急性破裂”或者“慢性破裂”的状态。

所谓“急性破裂”是指离婚、出轨，通过这些事让关系终结。“慢性破裂”是指进入到“冷漠期”，让两个人的关系慢慢冷却，慢慢化为乌有。

3. 进入到“整合期”

“整合期”要完成的最重要的任务就是：完成真正的“亲密”。

那么，什么是真正的“亲密”呢？亲密，是将内心深处的部分向他人、向自己展现而没有任何伪装和防卫。亲密，是指因袒露自己而呈现的脆弱和对方给予了解的状态，也就是脆弱相对。

如果关系没有“脆弱相对”这四个字支撑，就是温室里的花朵，经不起风雨。

我们为什么喜欢权利斗争？就是因为我们在过去的人生中，在展现自己脆弱的时候，遭遇到各种打击。

用维吉尼亚·萨提亚的观点来说：我们本来有一颗活泼的初心，任何一个婴儿都可以自如地表达自己，它就是表里如一的。但当我们开始长大需要“社会化”的时候，就需要虚伪，需要表里不如一，否则我们就成为不能适应社会的傻子。“社会化”是一种重要的能力，没有它，我们将成为透明人，就像一个人没有皮肤般可怕。

但是如果“社会化”的压力过大——比如父母对孩子的学习要求特别高，为了孩子的学习拿皮带抽孩子，孩子就会发现，否认自己的身体和精神的伤害而努力学习才能保护自己，表达脆弱的真实感受是可怕的，是不被允许的。时间一久，孩子就失去了“亲密”的能力。

很多人拥有了这样的“假自体”——不清楚自己真实的需要是什么，成了社会规则的机器人。这样的人在情感的世界里，就会遇到很多问题，比如他们会娶社会标准层面的老婆，做丈夫该做的事情，但没有快乐，没有情绪，也没有生命的气息，在精神层面是昏睡过去的。

而情感往往就是瓦解这些“假自体”，让他们可以遇到“未知的自己”。在“亲密之旅”中，他们将遭遇对脆弱呈现的恐惧——这在过去是会遭遇巨大的羞辱感的；他们将恐惧打开自己，因为这意味着自己将无险可守，会像过去生命中的创伤那样，被人入侵、伤害而无法保护自己；或者他们会恐惧将自己真实的想法说出来时对方会离自己而去……

当他们开始有了“矫正性情感体验”时，就会发现**真正的力量不是**

来自隔绝自己的脆弱和否认自己的痛苦，而在于分享。

在“社会化”的世界里，人们是通过你死我活的“零和游戏”获益的。其实这种获益，也只是短期获益。从长期来看，得到了利益，却失去了人脉，丧失了声誉，没有足够好的视野，自然就只能过一种低档次的生活。

人们往往会虚妄乃至狂妄地认为：我们是可以解决一切问题的，我们是可以想要什么就要什么的，我们是可以不想要什么就不要什么的。

但事实上，我们不想老，我们终将会老；我们不想死，我们终将会死；我们想让关系永远，但如果做得不对，关系也会终结。

这个世界上没有确定的事情，唯一确定的就是无常。

生老病死、孤独和无意义，这些都是人类永远无法解决的主题。

那么，我们在一起的意义是什么？当我们可以脆弱相对、分享彼此的孤独时，就可以增强对抗这些人生终极主题的力量。就像是我们无法让黑夜变成白天，但可以增加一双在黑夜中相握的手。

是的，伴侣的意义，不在于对方的出现让你的人生问题从此不治而愈，而是你增加了一个病友。你会因为分享自己的脆弱而增强了力量。你会因为深深的懂得和理解而增强了前行的希望。

此时，你会发现，你所有恐惧的、你所有厌恶的、你所有无法接纳的、你所有仇恨的，与你所有热爱的、你所有渴望的、你所有欢喜的、你所有珍爱的，拥有同等重要的意义。因为彼此的懂得，你内在的“容器”扩容了。我们无法消灭一滴墨，但我们可以把它倒进大海中。

在这样的时刻，你会说：嘿，我们终于相遇了。

在这样的相遇时刻，你才会真正明白：什么是爱。

*

怎样找到爱你一辈子的男人

只有人的需要落实在“我懂你”的层面，关系才有可持续发展性。

说到相亲，我们往往会有一种负面的思维：一对心怀鬼胎的男女坐在一起，男的害怕遇到拜金女，女的害怕遇到猥琐男，说着客套话，句句都是陷阱，美好的情感，成了暗流涌动的斤斤计较和钩心斗角。

但是，相亲又是这个社会最大的潮流，如果你年近三十，又在空窗期，几乎不可能不去相亲。

英国数学家彼得·巴克斯在2010年计算过，银河系中拥有智慧生物的外星文明数量，比可与他交往的潜在女性还要多。

他通过“住在我附近的女性有多少”“多少人年龄适合”“多少人单身”“多少人和我合得来”等一系列问题，计算出他愿意与之交往的女人，全世界只有26个——这大概也为巴克斯长期单身找到了理由。

找到真爱是如此之难，我们需要更有效率地找到真爱的方式。于是，出现了不少《中国式相亲》这样的相亲节目。

我们该如何对一段情感更有预测性呢？其实心理学在这方面有更靠谱的答案，我们需要把握三个关键点，就可以大概预测一段关系。

我们要看这个人的情感模型

所谓三岁看大，七岁看老，是说在五岁之前，我们一生的情感模板就已经形成。我们模板的拷贝对象往往就是父母。

这一点《中国式相亲》做得很好。节目中“催婚”的父母坐在前台直面嘉宾，争抢心仪对象，“待娶待嫁”的子女坐在后台观察父母与嘉宾互动。我们从嘉宾的父母如何与嘉宾互动就可以大概了解嘉宾的情感模型是什么样的。

如果某嘉宾的父母关系很和谐，也愿意一起出镜，往往预示着这个嘉宾在情感关系中正向的因素比较多。如果父母和嘉宾的关系有些紧张，比如父母过于控制，或者过分失控，那么往往也说明嘉宾将来做父母的时候，可能会有一些问题。

我们还可以从嘉宾和父母哪一方联盟，看出嘉宾在内心更认同谁。嘉宾和父母的关系是等腰三角形的关系，嘉宾不偏不倚，说明其足够成熟，可以和父母都保持比较好的关系。

这样的人，内心的模型是比较健康的。换句话说，其心里比较干净，不会和自己的原生家庭纠缠不清，而是善对自己，也善对他人。

如果过度和父母一方关系近，与另一方关系远，都有可能让嘉宾在与自己的关系中以及与他人的关系中出现问题。

比如妈宝男，比如和父母疏离的，比如总是和父母一方产生剧烈冲突的，这些人往往很难在自己的亲密关系中拥有比较有弹性的关系。

我们要看这个人和家庭的互动模式

《中国式相亲》是带着父母来相亲，相亲男女见不到彼此，台上嘉宾看不到选择他们的异性，只能看到对方的简单资料和照片。

台上嘉宾见到的是玻璃屋中嘉宾的父母，他们根据其父母的状态来判断对方的性格、素养和家教，并进行选择。

直到他们做出了选择，玻璃屋中的嘉宾才真正亮相。这近乎盲选，却是较有效、较准确的盲选。正因为如此，台上父母衡量嘉宾时的一言一行，成为相亲过程中最大的看点。

因为，嘉宾的性格和素养和他们的父母是有因果关系的，和他们父母表现出来的性格素养环环相扣。父母展现出什么样的状态，他们的孩子往往就会有什么样的表现。

记得有一期，现场有一位内蒙古来的妈妈，她没有对女方列出要求，一切以儿子喜好为主，她豁达开朗，平易近人。她的儿子，也自信温和、不骄不躁，与其他男嘉宾一起等候在玻璃屋的时候，也没有对场上女嘉宾发表出格言论、评头论足。

在中国式婚姻里，父母总想取代孩子成为孩子婚姻中最具有决定权的那个人，把孩子永远和自己拴在一起，变成自己身边的小绵羊。但是婚姻的主角不是父母而是孩子，当父母这样做的时候，就会把孩子的主动性和其作为一个人的主体性抹杀掉，这对一个人而言是最可悲的阉割。

所以，在孩子将要做出人生重大选择的时候，父母和孩子应该是一个团队的关系，而不是领导和服从的关系。

《中国式相亲》中也是这么呈现的，子女可以全程遥控父母，最终做选择的也是子女，父母更多是参谋的角色。而且父母越是尊重子女，子女越是独立自主，最终往往更能顺利牵手。

聪明的父母会让自己作为队友和顾问参与到孩子的生活当中，尤其是在涉及婚姻的时候，比如恋爱、相亲。

队友型父母：这样的父母和孩子相互配合、民主协商，在家庭中形成良好的团队关系，在相亲过程中得到孩子授权才去做出一些行动。

顾问型父母：这样的父母能够尊重孩子的边界，在孩子不向自己求助的时候，就不会插手孩子的事情。允许孩子有试错的机会，理解孩子在探索中的迷茫和不容易，尽量只给孩子一些有帮助性的、方向性的指引。

比如那位内蒙古的妈妈，就全部尊重孩子的想法。她对孩子的婚姻没有具体要求，只是用建议的方式来教会孩子：其实了解一个人，并不一定要看其是否有车有房，是否白富美，完全可以通过其他方式，比如了解对方的三观、性格等。这就是一种启发式的、顾问式的互动方式。

我们要看这个人的核心需要

根据马斯洛理论，人的需求就是五层：

- 对生理的需求。

- 对安全感的需求。
- 对归属感的需求。
- 对自尊的需求。
- 对自我实现的需求。

如果双方的感情核心需要更多的是建立在物质上的，那么就是钱和性让双方连接起来，一旦这些因素消失，我破产了，你破相了，那关系就完蛋了。这样的关系是浮萍式的关系。

如果双方的情感核心需要更多的是因为安全感，那么一旦伴侣中的一方有了能力，比如一个女人一开始需要一个如父如山的男人，但十年后，她自己成长了，需要更平等的关系了，这样的关系也会有危机。

如果双方的情感核心需要与归属感有关，那么这样的关系很容易陷入稳定却乏味的状态，有包容，但没有情感的质量，因为我离不开你，不是因为我爱你，是因为我需要一个家。这样的感情如果不好好发展，也容易出问题。

对自尊的需求，会让很多俊男靓女建立让人羡慕的“模范婚姻”，但这样的童话式关系最缺乏的就是“共情”，因为双方一直要营造完美，无法接受关系中的那些阴暗角落。这样的关系最后很容易演变成“假性亲密关系”。

只有人的需要落实在“我懂你”的层面，关系才有可持续发展性。在一起以后，可以一起面对彼此以前不敢面对的残缺和恐惧。了解到彼此的弱点，还可以彼此扶持、相互合作。这样的关系才能真正有长期情感交流。但这样的关系需要双方有很强大的情感能力才能达成。

我们要看这个人的性格特点

性格，是一种实现核心需要的手段。

关于人的性格，我们用《西游记》中的师徒四人来形容。孙悟空是力量型的，他的人生就是战斗，谁有能力服谁；唐僧是完美型的，他的人生就是搭积木，一切都要完美无缺；猪八戒是活泼型的，他的人生就是游乐场；沙僧是温和型的，他的人生就是和稀泥。

孙悟空和沙僧的伴侣关系，看上去可能很和谐，但其实孙悟空只追求力量，不注重和谐，这恰恰是最伤害沙僧的，因为沙僧最害怕的就是关系不好。

很多孙悟空式的妻子往往要到沙僧式的丈夫出轨后才恍然大悟，原来你对我的不是包容，而是忍受，我以前对你的种种你都有小黑账记录。

这就是不了解彼此的性格特点最容易造成的误解。误解是情感的毒瘤，不尽早发现和摘除就容易不断扩散，到最后往往回天乏术。

相爱很简单，相处却太难。决定你一辈子的，不是你嫁得不对，是你的眼光，是你不懂这个世界。